U0359828

《新时代大学生劳动教育理论与实践》
编委会

■ 普通高等教育素质课"十三五"规划教材

新时代大学生
劳动教育
理论与实践

XINSHIDAI DAXUESHENG
LAODONG JIAOYU

植 林 罗嘉文 主编

LILUN YU SHIJIAN

化学工业出版社

·北京·

内 容 提 要

《新时代大学生劳动教育理论与实践》包括理论篇、实践篇和案例篇三部分内容，其中理论篇对劳动概念、马克思主义劳动观、新时代中国特色社会主义思想中的劳动观进行了阐释；实践篇和案例篇囊括了《关于全面加强新时代大中小学劳动教育的意见》精神，将日常生活劳动、生产性劳动和服务性劳动融入大学生的生活学习中，具有针对性和可操作性。

本书是一本较为系统、全面的劳动育人提升教程，既适合高校学生使用，又可供高校学生工作者、高校思想政治教育研究人员学习参考。

图书在版编目（CIP）数据

新时代大学生劳动教育理论与实践/植林，罗嘉文主编. —北京：化学工业出版社，2020.8（2023.9重印）

ISBN 978-7-122-37636-7

Ⅰ.①新… Ⅱ.①植…②罗… Ⅲ.①大学生-劳动教育-高等学校-教材 Ⅳ.①G40-015

中国版本图书馆 CIP 数据核字（2020）第 160958 号

责任编辑：王 烨　　　　　　　　　　　文字编辑：谢蓉蓉
责任校对：宋 玮　　　　　　　　　　　装帧设计：刘丽华

出版发行：化学工业出版社（北京市东城区青年湖南街 13 号　邮政编码 100011）
印　　装：三河市延风印装有限公司
787mm×1092mm　1/16　印张 13¼　字数 209 千字　2023 年 9 月北京第 1 版第 4 次印刷

购书咨询：010-64518888　　　　　　　售后服务：010-64518899
网　　址：http://www.cip.com.cn
凡购买本书，如有缺损质量问题，本社销售中心负责调换。

定　价：38.00 元

前言

>>>>>>>>>

2018 年 9 月 10 日，全国教育大会提出了要培养德智体美劳全面发展的社会主义建设者和接班人的总要求，并强调劳动育人的价值，为新时代高校的育人工作指明了方向。 2020 年 3 月 20 日，中共中央、国务院《关于全面加强新时代大中小学劳动教育的意见》的出台，对各级各类学校的劳动教育提出了科学的建构体系，绘制了新时代劳动育人的实施图景。

劳动是创造物质和精神财富的过程，是人类特有的基本社会实践活动。 劳动教育是发挥劳动的育人功能，对学生进行热爱劳动、热爱劳动人民的教育活动，是新时代党对教育的新要求，是中国特色社会主义教育制度的重要内容，是全面发展教育体系的重要组成部分。 劳动教育的基本理念：①强化培养劳动理念，弘扬劳动精神。 将劳动观念和劳动精神贯穿人才培养全过程，贯穿家庭、学校、社会各方面。 注重让学生在学习和掌握基本劳动知识技能的过程中，领悟严谨、专注、守正的劳动文化，形成勤俭、奋斗、创新、奉献的劳动精神。 ②强调全身心参与，手脑并用。 让学生面对真实的个人生活、生产和社会性服务任务，亲历实际的劳动过程。 在动手实践中，实现"劳心"和"劳力"相结合，促进书本知识转化为有效管用的实践本领，全面提高综合素质。 ③注重与时俱进，与技术进步融合。 在发挥传统劳动、传统工艺项目育人功能的基础上，紧跟科技发展和产业变革，准确把握新时代劳动工具、劳动技术、劳动形态的新变化，创新劳动教育内容、途径、方式，增强劳动教育的时代性。 ④注重发挥学生的主体性，激发创造性。 充分发挥劳动过程和结果的正向激励作用，引导学生感受劳动的艰辛和收获的快乐，增强获得感、成就感、荣誉感。 鼓励学生在学习和继承前辈丰富经验、技艺的基础上，尝试新方法、新技术，打破僵化思维方式，推陈出新。

本书作为高校劳动教育的指导用书，秉持劳动教育的基本理念，结合劳动教育理论与实践中的重点问题，具有明显的时代特征。 在尊重学生成长成才规律的前提下，体现时代性、把握规律性、赋予创造性。 以切实助益高校劳动教育育人实效的提升为目标，以理论与实践结合、技巧与实务并济、指导与激励共进为特色，既能帮助学生触发对劳动的理解和思考，改变劳动的习惯和方式，增长劳动的智慧和本领，学会感恩、协作，增强社会责任；又能促进高校学生工作者育人水平的提高，为构筑"师生共成长"的协同发展模式提供理论选择和实践支撑。

本书具有以下鲜明特点：

一、理论与实践结合

本书通过深耕理论研究，丰富实践视角，将四条脉络贯穿于理论与实践的横纵对比中。一主一副：以"做准对象化分析"为主，以"做细对策性建议"为副；一明一隐：以"强化教育的感受性"为明，以"深化感受的教育性"为隐。即"主"和"明"要立足于95后、00后当代大学生的鲜明特点和自媒体发展的潮流趋势；"副"和"隐"要于细微之处将劳动育人的理念、价值、思路让学生入脑、入耳、入心。为此，需要"多方协力"，做到"以点带面"，体现"在地参与"，不断迭代劳动教育的活动版本，进一步整合发起单位的"资源清单"、劳动育人的"项目清单"、学生群体的"需求清单"，从理论到路径到方法再到实践进行自洽和对接，实现劳动育人外部环境的持续优化和内部供给能力的动态化提升。通过创新呈现方式、改变输出媒介、对劳动育人成果进行推介等，逐步形成劳动教育的文化矩阵，开辟青年大学生劳动教育的新场域。

二、技巧与实务并济

在延续传统劳动精神的基础上，积极创造条件，让青年大学生向劳动学习、向实践学习、向基层学习。本书各章节内囊括了劳动技巧、实践环节、拓展阅读等板块，通过"立场、观点、场景、角色、情感"的营造，立足于"学生在哪里，我们的工作就在哪里"的工作思路，巧妙地运用学生喜欢的方式和呈现技巧，将痛点问题具象化转移，使之与学生内心中存在的"劳动改变生活"的想法"产生互动、关联、合拍"，随之触发情感共鸣，自主地形成共性化的劳动参与意识，最终产生劳动育人的"燃点"效应。不断提升学生在劳动教育活动中的沟通力、合作力、行动力、愿景力和学习力，鼓励学生扎根基层，苦练本领，心怀本真，蓄力向上。

三、指导与激励共进

劳动教育，是一次深度洞见学生内在需求的见证机会，解决了思政教育的"最后一公里"的落地问题。它带来的不仅仅是一些有价值的劳动育人精品项目的构建，也不仅仅是提供靶向服务、增强供给能力的思政服务育人的质量提升，更应该是从优化外部供给到关照内在需求寻找的一个交融、共促的思政工作着力点，由"大水漫灌"向"精准滴灌"的育人思路转变。通过劳动教育，在增进师生亲近感、信赖感的同时，构建劳动理念认同、劳动情感链接的"价值共同体"。通过转化推进思路、运用快慢思维，让劳动教育的"盐分"自然而深入地溶解到学生的理想信念当中，内化为学生的思想品格，外化为学生的实践活动，使学生坚定"劳动成就幸福"的理想信念，树立正确的世界观、人生观、价值观和成才观。

本书包含了理论篇、实践篇、案例篇三部分内容，是一本较为系统、全面的劳动育人提升教程，既适合高校学生使用，又可供高校学生工作者、高校思想政治教育研究人员学习参考。

本书由广东工业大学植林、罗嘉文任主编，于玺、华国栋、郭娟娟任副主编，王丹丹、郑泽萍、吴振铨、刁衍斌、尧雨晴、王嘉茉、刁嘉程、蔡健参加编写，其中：植林、华国栋编写了第一章和第二章；刁衍斌、王丹丹编写了第三章；罗嘉文、吴振铨编写了第四章；于玺、刁嘉程编写了第五章；郑泽萍、尧雨晴、郭娟娟编写了第六章；王丹丹、王嘉茉、蔡健编写了第七章；罗嘉文、于玺编写了第八章；郑泽萍、尧雨晴编写了第九章；王丹丹、王嘉茉编写了第十章。全书由罗嘉文统稿。

本书得以顺利出版，首先感谢编写组所有成员。在此编写过程中，引用了相关专家、学者的理论、文献，借此机会向始终心系劳动教育的研究者们表达诚挚的谢意。由于编者水平与经验有限，书中疏漏和不足之处在所难免，恳请读者、同仁批评指正。

植林

2020 年 6 月

目录

理论篇

第一章　劳动概述

第一节　劳动概论 ……………………………………………………… 3

第二节　马克思劳动价值论与人的全面发展 …………………………… 8

第三节　新时代呼唤劳动教育回归和创新 …………………………… 18

第二章　新时代中国特色社会主义思想中的劳动观

第一节　新时代中国特色社会主义思想关于劳动的重要论述……… 24

第二节　新时代中国特色社会主义思想中对青少年树立劳动观的阐释…… 26

第三章　在新时代传承弘扬劳模精神

第一节　劳模精神是永远的财富……………………………………… 32

第二节　坚持弘扬劳模精神…………………………………………… 36

第三节　做新时代的劳动模范………………………………………… 40

第四章　创新精神与创新实践

第一节　新时代青年劳动观与创新实践……………………………… 49

第二节　激发主体劳动创新精神……………………………………… 54

实践篇

第五章　生活技能

第一节　卫生劳动…………………………………………………… 65

第二节　垃圾分类 ································· 69

第三节　花草种植 ································· 79

第四节　手工制作 ································· 82

第五节　物品整理 ································· 91

第六章　社会服务

第一节　政务助理 ································· 99

第二节　专业劳动 ································· 104

第三节　创新创业 ································· 109

第四节　乡村建设 ································· 115

第七章　志愿活动

第一节　社区服务 ································· 122

第二节　赛事服务 ································· 132

第三节　环境保护 ································· 140

第四节　公益宣传 ································· 147

案例篇

第八章　生活技能案例

第一节　大学生停课上"劳动课"，你怎么看？ ················· 160

第二节　垃圾分类，人人参与 ················· 161

第三节　宿舍筑梦，携手成长 ················· 168

第四节　制作你的专属手工作品 ················· 169

第五节　养成整理物品的好习惯 ················· 171

第九章　社会服务案例

第一节　政务助理生活是一种怎样的体验？ ················· 173

第二节　高校专业劳动教育出"新招" ················· 175

第三节　多样化创新创业劳动实践出成效 ················· 177

第四节　专业知识技能助力乡村建设 ················· 180

第十章 志愿服务案例

第一节 社区志愿服务在行动 ·· 184

第二节 赛事志愿服务我能行 ·· 186

第三节 环境保护从我做起 ·· 190

第四节 公益宣传等你来 ·· 197

理论篇

第一章

劳动概述

◀◀◀

　　马克思主义劳动观认为，劳动是人的本质活动，是区分人与动物的重要标志。从一定意义上来说，劳动创造了人本身，使人不仅是具有自然属性的生物的人，更是具有社会属性的能动性的人。在人类活动过程中，通过劳动产生了劳动关系和交往关系，出现了更复杂的社会关系。同时，劳动创造价值，不仅包括实体的经济价值，而且包括人生价值、精神价值。马克思指出，人的解放是实现人本质的复归，是人真正占有自己并实现自己的过程，而这一切正是通过劳动实现的。

第一节　劳动概论

什么是劳动？劳动和人类社会以及每个人是怎样的关系？劳动教育对于当代大学生具有什么作用和意义？

劳动作为人类活动的一个基础范畴，具有哲学、政治学、经济学和人类文化学等多方面的意义。劳动与人类社会密切相关，深入了解马克思主义的劳动观，认知劳动的深刻含义和与人类社会的关系，有助于我们深入认识劳动，并积极投入到劳动实践中去。

> 劳动：人们改变劳动对象使之适合自己需要的有目的的活动。即劳动力的支出或使用。人类社会存在和发展的最基本条件。在人类形成过程中起了决定性作用。人类的祖先类人猿经长期劳动实践，才变成为能制造工具的人。劳动在不同的社会制度下具有不同的社会属性。在奴隶制度、封建制度和资本主义制度下，劳动者的劳动表现为奴隶劳动、农奴劳动和雇佣劳动，是不同性质的受剥削的劳动。在社会主义公有制下，劳动者成了国家和企业的主人，不再受剥削。进入共产主义后，劳动不仅是谋生的手段，而且将成为人们生活的第一需要。（《辞海》1999年缩印版）

一、劳动的定义

劳动，是人类实践活动的一种特殊形式，多指创造物质财富和精神财富的活动。从哲学角度讲，劳动被定义为"是人类特有的基本的社会实践活动，也是人类通过有目的的活动改造自然对象并在这一活动中改造人自身的过程"（《中国大百科全书·哲学卷》）；在经济学中，劳动则是指劳动力（含体力和脑力）的支出和使用："劳动力的使用就是劳动本身。劳动力的买者消费劳动力，就是让劳动力的卖者劳动"（《资本论》）；从历史唯物主义的视角看，劳动是人类社会赖以生存和发展的前提，正所谓"劳动创造了世界，劳动创造了历史，劳动创造了人本身"。

二、劳动与人的关系

马克思主义劳动观认为劳动是人类的本质活动，将劳动置于人类一切活动的基础、本源乃至中心地位。马克思说："整个所谓世界历史不外是人通过人的劳动而诞生的过程，是自然界对人来说的生成过程，所以关于他通过自身而诞生、关于他的形成过程，他有直观的、无可辩驳的证明。"❶ 他将对劳动的定义与对人的定义密切结合起来。劳动与人，两者密切相关，互为本质，互相定义，互相推动。劳动创造了人本身，人的行为界定了劳动的概念，同时，人的发展又推动了劳动生产能力，人在与劳动的动态平衡关系中创造了人类文明。

（一）劳动是人的起源和本质特征

恩格斯在《劳动在从猿到人转变过程中的作用》一文中对劳动怎样创造了人本身的问题进行了详细的论述：猿类在进化为人类的过程中，正是通过劳动逐渐习惯直立行走，解放并发展出能够灵活使用和制造工具的双手。手的发展带动了整个身体和劳动内容形式的发展，促使"这些正在形成中的人"因劳动协作需要而不断发出声音来交流，因此产生了语言。身体、工具与语言的发展，又进一步促进了大脑、感觉器官和社会群体的发展，最终形成了与动物有着本质区别的人和人类社会。总之，从猿到人的转化，劳动不仅起到了决定性的作用，也是标志性的成果。因此恩格斯总结说："劳动是整个人类生活的第一个基本条件，而且达到这样的程度，以致我们在某种意义上不得不说：劳动创造了人本身。"❷

劳动是人类使用工具来改变自然物使之适合于自己需要的有目的的活动。人与动物的本质区别是劳动，人类的劳动和动物的本能活动有着本质的区别。其首要的一点在于，人类的劳动是有意识、有目的、有计划地改造自然的活动。马克思曾经把人和蜘蛛、蜜蜂作比较，来说明人类劳动的这种特点："蜘蛛的活动和织工的活动相似，蜜蜂建造蜂房的本领使人间的许多建筑师感到惭愧。但是，最蹩脚的建筑师从一开始就比最灵巧的蜜蜂高明的地方，是他在用蜂蜡建造蜂房以

---

❶ 马克思恩格斯文集（第1卷）[M].北京：人民出版社，2009：196.

❷ 马克思恩格斯文集（第9卷）[M].北京：人民出版社，2009：550.

前，已经在自己的头脑中把它建成了。"❶ 当劳动工具的制造、携带、保存与使用逐渐成为一种生存方式和特殊能力，它显现了劳动的自由创造性，并且成为一种精神自觉而具有了普遍的符号意义，这也就意味着具有真正的自由精神的人类出现了。而且，在劳动促进人创造自身的过程中，劳动经验传递与劳动能力习得活动，也正是人实现种系的生存与发展的一种教育自觉活动。

（二）人在劳动过程中的能动性和创造性

恩格斯曾说："人们首先必须吃、喝、住、穿，然后才能从事政治、科学、艺术、宗教等等活动。"诚然，人因生产劳动而生存。生产劳动首先创造了丰富的物质基础，使人在很大程度上从自然界的物质束缚中脱离出来，成为万物的灵长。马克思指出："整个所谓的世界历史，不过是人通过人的劳动而诞生的过程，在这个过程中，劳动创造了人，同时也是人的存在方式。❷ 但同时，人对劳动具有极强的能动性、对象性意志情感表达，因此，劳动是人的对象化的过程，主客体统一、身体与精神协调的过程。通过劳动，人超越了作为物种生命存在的自然性和自然依赖，实现了自由创造性和自我实现。马克思在《1844 年经济学哲学手稿》中指出："一个种的整体特性、种的类特性就在于生命活动的性质，而自由的有意识的活动恰恰就是人的类特性。"❸ 在此，马克思在人与动物的根本区别上肯定了人是劳动的类存在。劳动的生命活动以物质需要的满足为前提，人既要学会克制，延迟自己的本能欲求，不能任凭本能欲求驱使而消耗有限的物质生活资料，又要在本能欲求的基础上不断展开自为的、扩大的生产劳动。因此说："劳动是一种自我限制与延迟，但它延展了人的生存尺度，扬弃了人对自然的依赖性，实现了理性自我的觉醒。"❹ 人的自我克制与生产劳动充分体现了人的意志自由性和对劳动产品的创造性，劳动被赋予了作为人的存在方式的文化内涵。马克思主义对于劳动的充分肯定，表征了人的生命与动物的生命的本质区别，彰显了人的存在所特有的自由创造性，确认了劳动是人的存在的类本质。

劳动是人类最基本的实践活动，也是人的对象性活动。马克思认为，人通过生产劳动改造对象世界的过程，就是在生产劳动中实现其类生活的对象化的过

❶ 马克思.资本论（第 1 卷）［M］.北京：人民出版社，1975：202.
❷ 中共中央马恩列斯著作编译局.马克思恩格斯全集（第 3 卷）［M］.北京：人民出版社，1960.
❸ 马克思.1844 年经济学哲学手稿.北京：人民出版社，2000：57.
❹ 张义修.从"劳动塑形"走向现代性批判——马克思对黑格尔劳动概念的重释.哲学研究.2013（09）.

程。从事"对象性"生产劳动要求人应具备以下能力。

第一，人是具有主体意识的。动物的生命活动与其自身直接同一，而人可以通过实践实现意识到物质活动的转换，反过来又将人的生命活动变成其意识的对象。

第二，人应该具有能动性，能动地认识世界和改造世界。

第三，人应该具有实践性。实践是人类特有的物质活动，人类劳动作为最基本的实践活动，创造了人类历史。实践性内在包含着革命性、批判性和斗争性。马克思主义认为"实践的唯物主义者"能够使一切革命化，"实际地反对并改变现存的事物"。人类实践的目的是推动人类社会的发展，实现人的全面发展，发展需要在对现存事物的不断否定、不断批判和不断扬弃中实现。

总之，劳动是人的本质力量的对象化活动，崇尚劳动、尊重劳动是对人的本质力量即人的一般本质和现实本质的价值复归。人的一般本质指人类区别于动物的根本特征，即劳动是人类特有的生存和生活方式。劳动促使人类从动物的自然属性提升到人的自然属性，再发展为人的社会属性。人的现实本质指不同劳动条件、不同社会经济形态中从事现实活动的劳动者各不相同。横向来看，在诸多复杂的社会生产关系中，不同的劳动方式决定了社会结构状况，也决定了人的阶级属性和社会地位；纵向来看，劳动必然受到一定历史条件的制约，不同历史条件下的劳动对象、劳动工具、劳动内容、劳动规模、劳动水平等决定了人的现实状况和实践能力。因此，人通过劳动及其产品实现和证明着自己的本质，"个人怎样表现自己的生命，他们自己就是怎样。因此，他们是什么样的，这同他们的生产是一致的——既和他们生产什么一致，又和他们怎样生产一致。"❶ 劳动是主体将自身本质力量和内在尺度对象化于客体的过程，也是人在追求全面发展的同时实现自我价值的过程。

三、劳动与人类社会

人类社会的各种活动，无不是劳动，无不是建立在劳动的基础之上。劳动与社会发展息息相关。马克思主义唯物史观和中华民族发展奋斗的历史经验告诉我们，劳动是历史前进的动力，劳动塑造了优秀的民族文化，劳动精神也是推进党

---

❶ 马克思恩格斯选集（第1卷）.3版.[M].北京：人民出版社，2012：147.

和国家事业发展的内在动力。

劳动成为历史前进的动力。人类劳动不仅是人现实的社会性本质生成的根据，而且是推进人类不断进步的自由创造力量、改变世界和解放自身的历史前进动力。人类社会运动史从实质上说就是人类社会的劳动发展史。劳动创造与推动了人类社会历史运动，"整个所谓世界历史不外是人通过人的劳动而诞生的过程"。❶ 同时，人通过劳动不断体现和生成自身的创造性本质力量，"从根本上来说，我们是'创造性'的存在物，每个人都体现了创造性能量。"❷ 人在劳动过程中不断发挥和发展自身的创造力，进而推动人类历史进步，实现人存在的真正价值。所以说，人类历史发展进程印证了劳动的自由创造性实质。

马克思主义劳动观首先从哲学人类学和存在论层面肯定人是自由创造性的劳动存在，自由创造性劳动即人以自由意志创造自身、创造环境、创造社会、创造历史的创造性劳动。马克思主义劳动观将劳动与人的存在方式统一起来，给予劳动以历史性的价值关怀。劳动作为人才具有的自由创造性活动，蕴含了发展人和发展社会的教育旨趣，进而为劳动教育促进人的发展和社会进步奠定了实践的逻辑根基。

劳动塑造了优秀的民族文化。劳动精神孕育于中华民族创造历史的劳动实践之中，积淀于中华优秀传统文化、革命文化、先进文化之中，它反映了中华儿女崇尚劳动、尊重劳动的整体性格和深层心理，成为中华民族的独特精神标识和维系中华民族生存和发展的精神纽带。中华民族是勤于劳动、善于创造的民族。正是因为劳动创造，我们拥有了历史的辉煌；也正是因为劳动创造，我们拥有了今天的成就。历史赋予新时代劳动精神必须承载伟大而艰巨的光荣使命，现实召唤新时代劳动精神必须富有开创美好未来的创造活力。自古以来，精卫填海、愚公移山等蕴藏朴素劳动精神的神话传说，神农"教民农作"、舜耕历山、大禹治水等传颂劳动可贵的民间故事，刺股悬梁、积雪囊萤、燃糠自照等赞誉勤奋刻苦的成语典故……无不彰显着崇尚劳动、尊重劳动是中国劳动人民在缔造灿烂文明的漫长劳动实践中形成的精神品格和价值追求，并由此创建了世代中华儿女丰富的物质世界和丰裕的精神世界。实现我们的发展目标，不仅要在物质上强大起来，而且要在精神上强大起来。工匠精神、航天精神、互联网精神、"一带一路"精

❶ 马克思恩格斯文集（第 1 卷）.北京：人民出版社，2009：196.
❷ ［美］大卫·雷·格里芬.后现代精神.北京：中央编译出版社，1998：223.

神、改革开放精神等新时代劳动精神资源，生动地诠释了社会主义核心价值观，构筑了中国特色社会主义文化大厦，已然成为实现国家富强、民族振兴、人民幸福更基本、更深沉、更持久的精神力量。

劳动精神是推进党和国家事业的内在动力。中华民族五千年文明史是中国劳动人民自强不息、励精图治的伟大历史。中华民族历经磨难，无数仁人志士舍生忘死，为救国救民而奋起抗争。中国共产党改写了中华民族积贫积弱的历史面貌，续写了敢为人先的奋斗历程，谱写了举世瞩目的时代新篇，团结带领全国各族人民历经千辛万苦创造了彪炳史册的人间奇迹。从诞生之初嘉兴南湖边寻找光明的摆渡人，到战争年代枪林弹雨中挺起脊梁的主心骨，再到建设时期广阔天地间勇往直前的先锋队，中国共产党始终初心如磐，团结带领人民前仆后继、顽强奋斗，把贫穷落后的半殖民地半封建的旧中国改造为欣欣向荣的社会主义新中国，彻底实现了民族独立和人民解放，努力实现着国家富强和人民幸福，中华民族伟大复兴展现出前所未有的光明前景。"历览前贤国与家，成由勤俭败由奢"，中国共产党始终把艰苦奋斗、勤俭治国作为党和国家事业发展的传家宝，根据不同历史时期人民意愿和事业发展的需要，提出富有感召力的奋斗目标，团结带领全国各族人民为之不懈努力奋斗。在新的历史条件下，实现人民对美好生活向往的奋斗目标，亟需弘扬和培育新时代劳动精神，不断发掘党和人民的创新创造活力，发挥新时代劳动人民的历史主动性，发扬逢山开路、遇水搭桥的英勇品质和创造精神，锐意进取，大胆探索，通过劳动创造源源不断的物质财富和精神财富，不断有所发现、有所发明、有所创造、有所前进，开拓社会主义劳动建设新局面。

第二节　马克思劳动价值论与人的全面发展

马克思劳动价值论是马克思政治经济学的理论基础，也是整个马克思主义理论体系的重要理论基础，是科学社会主义的基石，对指导我们进行有中国特色的社会主义建设具有重要的理论和现实意义。劳动价值论中的劳动讲的就是生产劳动和创造价值的劳动，而生产劳动在劳动价值论中处于重要的链接地位，用马克思的话来说，就是"理解全部政治经济学的枢纽"。

一、马克思劳动价值论

马克思劳动价值论深刻阐释了商品经济的本质和运行规律，赋予了活劳动在价值创造中的决定作用，并由此奠定了剩余价值论的理论基础。马克思劳动价值论不仅在人类经济学说史上具有重要的理论价值和历史地位，而且在今天的时代条件下，依然有着重要的指导意义。

（一）马克思劳动价值论的主要内容

1. 劳动具有二重性

《资本论》如此定义"劳动"，它是人与自然之间互相发生行为和人以自身活动调整、控制人与自然之间的物质变换的过程。裁缝生产衣服和铁匠生产器具，都是通过具体劳动生产出来的，具体劳动生产商品的使用价值；当生产出的物品被作为商品出售时，必须以无差别的人类劳动作为衡量标准，此时物品是价值的实体，是抽象劳动的凝结。所以劳动具有二重性，由生产商品的具体劳动和抽象劳动构成。在政治经济学范畴中，作为生产商品使用价值的具体劳动，不同于一般意义上劳动分工的有用劳动，而是建立在社会分工基础上作为商品交换的有用劳动；抽象劳动是同质的无差别的形成商品价值的劳动。马克思用由具体到抽象、先分析到综合的方法考察生产商品的劳动二重性，商品经济关系决定了生产商品的异质的具体劳动转化为同质的无差别的抽象劳动。因此，形成价值实体的人类劳动是一定社会关系的反映，具有历史性。

2. 商品是使用价值和价值的对立统一体

商品是使用价值和价值（亦称"商品二因素"）的对立统一体。生产一件物品，能满足人类的某种需要，马克思将这种物的有用性称为使用价值，使用价值是具体劳动的成果。生产者生产出一件物品，无论自己使用还是出售给顾客，它都具有使用价值。一切非天然存在的物质财富要素，都必须通过人类的某种需要和专门的生产活动才能被创造出来，因此，使用价值是社会物质财富的承担者和交换价值的载体，是商品的自然属性。当从不同的产品抽象出耗费的人类劳动时，虽然劳动形式不同，但都是人脑、肌肉、神经、手等的生产耗费，从这个意义上生产的产品都是无差别的人类劳动，所以才能在市场上等价交换。凝结在商品中无差别的人类劳动就是价值。价值是商品的社会属性，由抽象劳动创造。劳动二重性和商品二因素紧密相连，不可分割，劳动二重性决定了商品二因素，并且后者是前者推导的逻辑起点。

3. 价值量与价值规律

马克思认为，商品的价值量是由生产商品的社会必要劳动时间决定的。社会必要劳动时间是指："在现有的社会正常的生产条件下，在社会平均的劳动熟练程度和劳动强度下，制造某种使用价值所需要的劳动时间。"一个企业要想获得高利润，就必须通过引进科学技术提高劳动生产率，使生产该商品的劳动时间低于社会必要劳动时间，即商品个别价值低于社会价值时，企业才会盈利。社会必要劳动时间与商品的价值量成正比，与劳动生产率成反比。通过劳动价值论中价值量的变动，马克思探索出了市场价值规律。由于商品价值和价值量的存在，商品市场上必须遵循等价交换原则，商品生产者就会通过改进生产工具、提高劳动生产率，争取更多的盈利且避免在商品市场上被淘汰，所以生产资料和劳动力在各生产部门被优化分配，这就是受价值规律影响的表现。商品的价值在市场流通过程中转换为商品的价格，从短期和表面来看，商品的价值和价格不一致，但其存在内部联系；市场价值调节供求关系，供求关系影响市场价格，市场价格围绕市场价值并进一步围绕商品的生产价格上下波动，这是价值和价格内在本质的联系。

（二）马克思劳动价值论的当代价值

生产劳动的自然属性和社会属性构成了生产劳动的本质即内涵，是我们考察和研究生产劳动最基本的依据。

马克思认为，"劳动首先是人和自然之间的过程""如果整个过程从其结果的角度，从产品的角度加以考察，那么劳动资料和劳动对象表现为生产资料，劳动本身则表现为生产劳动"，生产劳动"作为使用价值的创造者，作为有用劳动，是不以一切社会形式转移的人类生存条件，是人和自然间物质变换即人类生活得以实现的永恒的自然必然性"。❶ 由此可见，马克思对生产劳动的基本定义的内涵有三层意蕴：其一，生产劳动是人与自然间的交换过程；其二，这种交换过程是有效用的；其三，这种交换过程是不受社会存在形式影响的，表现为一种自然

❶ 马克思恩格斯文集（第5卷）[M].北京：人民出版社，2009：207～208.

必然性。这是就生产劳动的自然属性而言的。

在考察了资本主义的生产过程之后，马克思进一步指出："生产劳动是直接增殖资本主义的劳动或直接生产剩余价值的劳动，就是说，它是没有对工人即劳动完成者支付等价物就实现在剩余价值中的劳动，就表现为剩余产品的劳动，表现为劳动资料垄断者即资本家的商品剩余的增量的劳动……因此生产劳动是直接为资本充当自行增殖的因素，充当剩余价值的增量的劳动。"由此可见，生产劳动作为价值的创造者，其本质是由社会经济形态决定的。在资本主义社会，生产劳动只是生产剩余价值的增量的劳动，也就是生产资本主义生产关系的劳动。这是就生产劳动的社会属性而言的。

在资本主义社会，由资本主义生产劳动的本质所决定，生产劳动必然是以资本家的物质利益的生产为目的的生产劳动，这种生产劳动完全是"由价值来进行调节"，"这种劳动创造的是资本"，因此生产劳动只是剥削工人剩余价值的手段，是在私有制条件下对人的异化。

马克思以唯物辩证法为批判武器，从商品这个微观元素出发，揭示商品的内在矛盾和整个资本主义社会的内在矛盾及其运动规律，建立起科学的劳动价值论，完成了政治经济学的革命，为无产阶级政治经济学和社会主义国家经济体系的建立提供了坚实的理论指导。劳动价值论是《资本论》立论的理论基础，马克思在对资本主义的批判和共产主义社会实现自由自觉劳动的伟大构想中蕴含着丰富的劳动伦理思想，劳动伦理思想的建构逻辑和价值遵循为中国特色社会主义建设提供源源不绝的精神动力和理论滋养。

首先，要树立以人民为中心的根本立场。"坚持以人民为中心的发展思想，这是马克思主义政治经济学的根本立场"，"部署经济工作、制定经济政策、推动经济发展都要牢牢坚持这个根本立场"。❶ 马克思政治经济学从一开始就旗帜鲜明地站在无产阶级和广大劳动人民的立场上，通过对资本主义矛盾运动的解剖，揭示了资本家对无产阶级和劳动人民的剥削，科学地论证了无产阶级是资本主义的掘墓人。以人民为中心是建立在生产资料公有制基础上，确立了广大劳动人民在社会生产关系中的主体地位，以人民为中心是中国特色社会主义政治经济学的逻辑起点和根本立场。

---

❶ 《中共中央关于制定国民经济和社会发展第十三个五年规划的建议》。

其次，要坚持公平正义，让劳动者有更多的获得感。马克思在考察资本主义生产方式中发现了劳动和劳动力的区别，资本家在商品市场上购买的是劳动力的价格即支付工资，但购买到的劳动在生产过程中会创造更多的价值，即价值增值过程，这就是剩余价值的来源，资本家与工人存在着一种剥削与被剥削的非正义不道德的关系。党的十九大报告指出，要保证人民在共建共享发展中有更多的获得感。增强劳动者获得感是基于马克思劳动价值论对于劳动创造价值、劳动者主体地位、劳动中人与人的社会关系以及对实现劳动自由自觉的倡导和创新，人的价值在资本主义生产关系及其价值体系中被遮蔽了，现代劳动以社会劳动取代雇佣劳动，力图将劳动从资本主义生产增值过程中解放出来，还原劳动创造价值和尊重劳动主体的科学发展，实现真正的公平正义、让劳动人民有更多获得感。

再次，要回归劳动价值，倡导工匠精神。劳动蕴含两方面的含义：从哲学角度来说，劳动是人的本质，是人实现自我价值的重要途径；从经济学角度来说，劳动主要是指劳动力生产物质生活资料。新时代背景下提倡劳模精神和工匠精神，这是建设社会主义精神文明的重要内容，也是社会主义核心价值观在个体和劳动层面的实践旨趣，更是马克思劳动价值论在中国特色社会主义新时代的继承发展和创新。新时代背景下劳动者在劳动过程中，以生产物质生活资料为起点，创造出相互联系的社会关系，以实现自由自觉的劳动为奋斗目标，回归劳动价值，实现外在劳动与内在精神的有机统一，在实现自我价值和他人良性互动中推动社会发展。

最后，要扬弃异化劳动，实现人的解放。异化是指人与自身创造出来的东西存在对立状态。劳动作为一种类本质的自由自觉的活动，在资本主义社会里却成为异己力量反过来支配奴役人，具体表现为劳动者同自己的劳动产品相异化，工人生产的财富越多，其自身的处境就越贫困，劳动者生产的商品越多，其劳动力就越变成廉价的商品。马克思用异化劳动揭示了工人被剥夺劳动产品、劳动自由和人的类本质，甚至引起整个社会各领域的异化，以此论证通过共产主义废除资本主义私有制生产关系，扬弃异化劳动，从而使劳动成为凸显人的本质的自由活动，实现无产阶级和广大人民的解放。走中国特色社会主义道路，必须坚持马克思劳动者立场，通过提高劳动者素质、发展生产力以及创新完善劳动思想理论，为实现劳动解放进而达到人类自由全面发展的共产主义积累条件。

二、异化劳动与人的全面发展

马克思用"异化劳动"来概括私有制条件下劳动者同他的劳动产品及劳动本身的关系，认为劳动（自由自觉的活动）是人类的本质，但在私有制条件下却发生了异化。异化劳动理论是马克思主义理论的重要组成部分，旨在批判资本主义社会中资本奴役劳动、物统治人等种种弊端，进而阐述扬弃异化和实现人的自由全面发展的未来社会理想。

（一）异化劳动理论的提出

马克思在《1844 年经济学哲学手稿》中，将哲学与政治经济学研究结合起来，得出异化劳动理论。其一，劳动是人类自由自觉的活动，构成了人的本质；其二，在资本主义私有制条件下，人与从属于自己的劳动发生了异化，即出现了异化劳动。马克思通过对各种异化劳动的分析，得出强制的固定化的社会分工是异化劳动的根源，私有财产是异化劳动的结果，揭露批判了资本家无情剥削无产者的本质，并得出结论：只有扬弃固化的社会分工，消灭私有制，大力发展生产力，进入人类自由而全面发展的共产主义社会，异化劳动才会消失。

（二）异化劳动的四重规定性

其一，劳动者与劳动产品相异化。"劳动所生产的对象，即劳动的产品，作为一种异己的存在物，作为不依赖于生产者的力量，同劳动相对立"。[1] 劳动者生产的劳动产品本应归劳动者所有，但在资本主义制度下，劳动产品不归劳动者所有，而属于与工人相对立的资本家。但资本家所支付给工人的工资勉强维持肉体的需求，工人没有主观能动性，没有精神追求，只为了简单的肉体的生存需要而成为资本家的奴隶或从属于工资。正如马克思在政治经济学中所描述的那样："工人生产的财富越多，他的产品的力量和数量越大，他就越贫穷。工人创造的商品越多，他就越变成廉价的商品。物的世界的增值同人的世界的贬值成正比"。[1]工人在生产大量产品后得到的只是赤贫，但工人又不能摆脱资本家的奴役，只能靠出卖劳动维持生存。

其二，劳动者与生产活动相异化。马克思认为人的本质是自由自觉的活动即劳动，在劳动中人应感觉到快乐幸福，但在资本主义生产方式下，工人在劳动中

---

❶　马克思恩格斯文集（第 1 卷）［M］.北京：人民出版社，2009.

受到的是人性的摧残、剥削和不幸。劳动产品与工人相异化表现在结果上，然而马克思说："异化不仅表现在结果上，而且表现在生产行为中，表现在生产活动本身中"。❶ 因而劳动对工人来说是一种外在的东西，劳动不属于劳动者本身，工人在劳动中不是肯定自己而是否定自己，工人只是机器式地发挥作用，为资本家生产更多的产品，为资本家创造更多的剩余价值。这种劳动并不是工人自愿的活动，只是为了肉体的需要而维持基本生存的被迫的劳动。

其三，劳动者与自身的类本质相异化。马克思曾指出"人是一种类存在物"，人的类本质是人自由自觉的生产劳动，是人区别于动物的根本特性。人通过自由自觉的活动及发挥主观能动性，不断实现自己的价值，也为社会创造财富。劳动是人的类本质，在劳动中工人感受到的是幸福，是自我价值的实现，人只有在劳动的实践中才能证明自己的价值和存在。但在强制的社会分工的资本主义私有制下，工人的劳动不是自由自觉的活动，而是被迫的劳动，劳动仅仅成为工人维持肉体生存的手段，工人的主体性被淹没，工人只是作为像动物一样简单地为了肉体的需要而存在，人的类本质丧失，人只是作为动物的本质的存在，人的类本质与人相对立，人不再是作为真正意义上的人而存在。

其四，人与人相异化。"人同自己的劳动产品、自己的生命活动、自己的类本质相异化的直接结果就是人同人相异化。当人同自身相对立的时候，他也同他人相对立。"❶ 工人为了生存，为了获得出卖劳动的机会，使得工人与工人相异化；工人与资本家之间只是利益关系，工人只是为了维持肉体的需求而从属于资本家，使得工人与资本家相异化；大资本家为了赚取更多的剩余价值，吞并小资本家，使得资本家之间相异化。马克思将物的异化上升为人与人的异化，批判了资本主义制度的不合理。

（三）马克思劳动异化论的启示意义

其一，有助于深化对社会主义本质的认识。马克思提出，人类社会只有发展到人人自由而全面发展的共产主义阶段——生产力高度发达，私有制不复存在，劳动不再是谋生的手段，而是生活的需要——那时异化劳动才会消失。社会主义商品生产同资本主义商品生产存在本质的区别，因而社会主义生产劳动与资本主义生产劳动在本质上也是有区别的。社会主义商品生产的本质决定了社会主义生产劳动的本

质是从人的全面发展的需要出发的，是以人为核心的。由于社会主义公有制占主导地位，劳动过程不表现为人与物的对立、人与人的对立。人与人之间的关系表现为同一社会利益集团中各成员内部的关系。从事社会主义生产劳动的各个社会阶层都是"有中国特色社会主义事业的建设者"，建设有中国特色社会主义事业即是社会主义社会各阶层最根本的共同利益、共同理想。因此，劳动过程中人与物的矛盾、人与人的矛盾可以自发地或在社会主义国家的调控下进行调和。

其二，坚持以人民为中心的发展思想，不断增强人的主体意识。要想消除异化，首先要消灭私有制，消除强制的固化的社会分工，坚持以人民为中心，大力发展生产力。党的十八大提出了以人民为中心的发展思想，坚持人民的主体地位，不断发挥人民群众的积极性、主动性、创造性，不断增强人民福祉，不断提高人民群众的获得感、幸福感。与资本主义私有制下的工人相比，人民群众的主体性和主动性得到了很大发挥，在劳动中实现了自我价值，在一定程度上获得了快乐和满足。

其三，坚持精神文化建设，促进人自由而全面的发展。人的全面发展是指人的劳动能力，即人的体力和智力的全面、和谐、充分的发展，还包括人的道德的发展。人的发展同自身所处的社会生活条件是相联系的，旧式分工造成了人的片面发展，机器大工业生产提供了人的全面发展的基础和可能，社会主义制度是实现人的全面发展的社会条件。生产劳动同智育和体育相结合，它不仅是提高社会生产的一种方法，而且是造就全面发展的人的唯一方法。在资本主义私有制下，工人没有精神文化追求，只是简单地维持基本的生存。党的十八大以来，中国特色社会主义进入了新时代，我国社会的主要矛盾已转变为人民日益增长的美好生活需要与不平衡不充分的发展之间的矛盾，人民的追求不仅是物质需求，而且是更高层次的精神文化需要，例如对公平、正义、民主等的追求。只有个人实现自由而全面的发展，社会才能够实现全面发展。

三、新时代人的全面发展和劳动价值遵循

新时代劳动价值观以辛勤劳动、诚实劳动和创造性劳动为根本遵循和实践逻辑，脚踏实地参与劳动实践，协调劳动关系中的各种矛盾，推动人的全面发展和社会的全面进步。

（一）以辛勤劳动收获幸福

劳动是财富的源泉，也是幸福的源泉。辛勤劳动本身就是一种幸福，人们在劳动中体现价值、展现风采、感受快乐；辛勤劳动更是幸福的持久保障，没有经过辛勤劳动获得的成果如指间流沙，经不起时间考验。

辛勤劳动即是要埋头苦干、真抓实干，干在实处、干出成果。它具有以下四个层次的精神意蕴：一是"想干"的理想境界，即是以更强的使命、更足的干劲、更实的作为，争做新时代的奋斗者、社会主义的实干家；二是"敢干"的责任担当，即是以过人的胆识、豪迈的气魄、顽强的毅力，甩开膀子大胆干，撸起袖子加油干；三是"真干"的实践品质，以务实的作风、敬业的态度、勤勉的姿态，抓铁有痕、踏石留印；四是"巧干"的本领能力，以灵活的智谋、过硬的素质、卓越的才能，在新时代干实事、干大事、干成事、干好事。

（二）以诚实劳动立身处世

民无信不立，诚信是一个人乃至一个国家立身治世的根本。诚实劳动是社会转型和经济改革过程中规范社会关系的"润滑剂""稳定器""助推器"，诚实劳动要求劳动者将全部体力和脑力诚实地付诸劳动实践，不驰于空想，不骛于虚声。三百六十行，行行出状元，只要做到勤勉工作、精益求精，每个人都能在平凡的岗位上干出不平凡的业绩。

通过构建规范有序、公正合理、互利共赢、和谐稳定的劳动关系，实现全社会的诚实劳动。努力构建中国特色和谐劳动关系，是加强和创新社会管理、保障和改善民生的重要内容，是建设社会主义和谐社会的重要基础，是经济持续健康发展的重要保证，是增强党的执政基础、巩固党的执政地位的必然要求。一是坚持以人为本，解决好劳动者最关心、最直接、最现实的利益问题以及最困难、最忧虑、最急迫的实际问题；二是坚持依法构建，健全劳动保障法律法规，把劳动关系的建立、运行、监督、调处的全过程纳入法治化轨道，加快建设覆盖全社会的信用信息系统，落实失信惩戒机制；三是坚持共建共享，推动劳动关系主体双方协商共事、机制共建、效益共创、利益共享，使得劳动成果更多更公平地惠及劳动者，真正实现多劳多得、少劳少得、各尽所能、按劳分配；四是坚持改革创新，推进具有中国特色的劳动关系工作理论、体制、制度、机制和方法创新，不断革新劳动政策．健全劳动法律、改善劳动环境，将诚实劳动抽象性的价值取向固化为全社会共同遵守的制度规范，努力实现劳动者体面劳动、全面发展。

（三）以创造性劳动引领未来

劳动本身就是生命展现价值多样性和丰富性的过程，人在生产劳动中既能改进人与自然、人与社会以及人与自身的关系，又能使人超越现实生产劳动的限制，扩大对自然世界和人为世界突破性的兴趣和想象，激发对未来社会超越性的理想与目标。

首先，创造性劳动指能够以最大限度挖掘人的创造性思维、释放人的主观能动性，突破现存事物旧的表现形式和物质形态，从而生产创造出新的使用价值。劳动者在创造和享受生存所需的物质产品的同时，也表现出对精神所需的生命价值与意义的追寻，创造性劳动在促进人自由而全面发展以及推动社会全面进步中发挥着极为重要的作用。

其次，创造性劳动要求劳动者成长为德智体美劳全面发展的时代新人。出于社会发展的外在需求以及个人发展的自然性的内在要求，创造性劳动既要求劳动者的各种最基本或基础的素质得到全面发展、整体发展、和谐发展，又要求劳动者在各种素质及其内部各种要素的结构组合上追求自由发展、个性发展、创造性发展。全面发展和自由发展并驾齐驱，才能真正提高劳动者的综合素质，释放其劳动潜能，增强其创新创造能力。

最后，创造性劳动是推动国家和民族向前发展的根本力量。面对新一轮全球科技竞争呈现的新态势、新特征，适应和引领我国经济发展的新常态，关键是依靠科技创新转换发展动力，抓住科技创新就是抓住了牵动我国发展的牛鼻子。与此同时，科技创新还需要有制度创新协同作用、共同推进。因此，创造性劳动并非一墙一隅，而是一个系统工程，要不断推进理论创新、实践创新、制度创新以及其他各方面创新，频频讲创新、事事想创新、处处谋创新。

创造性劳动是全民族劳动者共同的事业，要强化实施创新驱动发展战略，普及科学知识、弘扬科学精神、传播科学思想、倡导科学方法，使蕴藏在亿万人民中间的创新智慧充分释放、创新力量充分涌流，不断推进大众创业、万众创新。

第三节 新时代呼唤劳动教育回归和创新

劳动和教育是互相包含的关系，本质上教育是为社会培养劳动者，是社会生产劳动体系中的一个环节，而劳动自然是教育中的重要内容和培养目标。现代社会生产要求劳动者全面发展，也只有全面发展的劳动者才能担负起现代社会的大生产，这是现代社会生产的客观规律；同时，中国特色社会主义进入新时代，劳动是人的全面发展和解放的活动，更近于实现人的智力与体力的有机结合和自由发挥。因此，教育与生产劳动相结合，坚持并创新劳动教育，是现代教育发展的必然过程。

劳动教育是社会主义教育的重要特征，它以马克思主义"人的全面发展"学说为指导，为我们提供了坚实的理论基础。在社会主义教育中，劳动教育既是教育内容，也是教育目的，意在培养广大青少年的劳动本领，树立劳动光荣的价值观念，保持作为社会主义国家主人翁和建设者的光荣本色。从这个意义上说，劳动教育是培养社会主义建设者和接班人的重要途径，新时代的大学生应当通过了解我国劳动教育的相关政策，深入领会劳动教育的本质和重要意义，高度认同劳动价值，精熟掌握劳动本领，努力促成个人全面发展，积极投身社会主义建设。

一、新中国成立以来的劳动教育政策和观念嬗变

新中国成立以来，我国一直注重劳动教育，但是受制于时代发展的历史条件和局限，对劳动的理解和定位直接影响着劳动教育政策的制定。

（一）1949—1956 年

这一时期强调体力劳动、服务生产与思想改造。新中国成立初期，迫切需要大量从事工农业生产的劳动者，加之落后的教育现状不能满足大多数小学毕业生的升学需求，因此，开展生产劳动教育，为工农业提供合格的体力劳动者成为这一时期教育的重要使命。劳动教育主要指体力劳动和服务生产等。

（二）1957—1977 年

劳动教育的政治意义、经济意义和认识论意义都被提升到了前所未有的高度，在实践中也开始以一种前所未有的姿态强势推进。

（三）1978—1999 年

强调手脑并用、全面发展与重技轻劳，对是否及如何坚持教育与劳动相结合的问题进行了深入的讨论。改革开放初期，在对"教育与生产劳动相结合"的讨论中，作为教劳结合重要形式和途径之一的劳动教育概念得到明确和澄清，劳动教育被表述为全面发展教育的组成部分之一。在与职业教育、综合技术教育等教育形式的对比中，劳动教育的独特价值得到彰显和确认。这一时期劳动教育的概念与技术技能、全面发展等关系密切。

（四）2000—2012 年

强调劳动素质、创新创造与综合实践。新世纪前后，素质教育、创新创造、终身学习等概念的出现为劳动教育注入了新的内涵，也进一步拓展了劳动教育的外延。

（五）2013 年至今

在新时代中国特色社会主义思想指导下，强调劳动者情感、劳动体验与劳动价值观。《国家中长期教育改革和发展规划纲要（2010—2020 年）》强调"加强劳动教育，培养学生热爱劳动、热爱劳动人民的情感"。2015 年 8 月，教育部联合共青团中央、全国少工委印发了《关于加强中小学劳动教育的意见》，旨在通过劳动教育，提高广大中小学生的劳动素养，促成良好的劳动习惯和积极的劳动态度，克服不良的劳动价值观，培养勤奋学习、自觉劳动、勇于创造的精神，为终身发展和人生幸福奠定基础。2015 年 12 月 27 日，第十二届全国人大常委会第十八次会议表决通过了关于修改教育法、高等教育法的决定。新版《高等教育法》第四条新增了"为人民服务"与"社会实践"相结合等内容；第五条关于高等教育任务的表述中增加了"社会责任感"的要求。这一修订体现了与时俱进的法治精神，彰显了我国高等教育的价值取向，引领了高等教育改革发展的未来。

2020 年 3 月，中共中央、国务院印发了《关于全面加强新时代大中小学劳动教育的意见》（以下简称《意见》）。《意见》要求，大学要站在新时代培养德智体美劳全面发展的社会主义建设者和接班人的高度，充分认识劳动教育的新内涵、新要求，践行立德树人，把劳动教育纳入人才培养体系，根据大学生的特点，采取适当的方法，引导大学生树立正确的劳动观，培养担当民族复兴大任的时代新人。

> 19 世纪 50 年代，英国著名的艺术批评家、哲学家约翰·罗斯金创办了"工人学院"，写出了著名的弘扬匠人精神的《建筑学的七盏明灯》，他认为匠艺活动可以让人专注、痴迷、守规矩、献身，特别是能够在物品中注入情感，体会到美和愉悦的境界。匠艺活动的训练对健全身心和人的全面发展是有益的，对家庭和谐、社会稳定的作用也是基础性的。

二、劳动教育的含义和目标

"劳动教育"是以促进学生形成劳动价值观（确立正确的劳动观点、积极的劳动态度，热爱劳动和劳动人民等）和养成良好劳动素养（形成劳动习惯、有一定的劳动知识与技能、有能力开展创造性劳动等）为目的的教育活动。

（一）劳动教育中的"劳动"定位

劳动教育中的"劳动"，不是广义的生产劳动，亦非狭义的脑力劳动或专业劳动，不是指那种脱离实践、与生活脱节的纯粹智力活动。劳动教育中的"劳动"是指身心合一、身体力行、动手操作的劳动。

（二）"劳""育"共进

在劳动教育中真正要实现的是人的整体的文化。人在劳动中，需要肉体的耐力、毅力、辛苦、劳累，需要心灵的紧张、兴奋、专注、投入，也需要知识的实际运用和创造性的发挥，肉体、心理、认知高度融合，协调统一。主体必须以自觉的、能动的、积极的、快乐的态度投入劳动过程，发挥人的主体性，展现和丰富人的本质力量，提升人的精神境界，促进个性自由全面发展，使个体整个身心在忘我状态中得到感化和升华，实现"劳动化人"之功。通过劳动教育、手工活动，能够让人在简单、踏实的工作中找到安定感、满足感；在富于诱惑力的兴趣爱好中体会痴迷、创造带来的成功乐趣、幸福感；在极具挑战的创造性工作中，找到好奇心、满足感、成就感。因此，大学生可以在"身心合一"的劳动过程中成为"完整的人"；在"身体力行"的劳动中树立正确的劳动价值观；在"多维空间"的劳动中促进自我的全面自由发展。

（三）劳动育人的目标是学生的全面发展

马克思主义劳动主体论认为劳动是一切历史产生和发展的基础，是劳动者主体与主体之间、主体与客体之间建立联系的本质，是促成人之成人、人之为人、人之未来发展及人化世界之发展的决定性因素。远古时代，体力劳动连接人与自然，进而造就人，它既是人的本质，又是人生存发展的基本路径。文明时期，体力劳动成为主体需要，爱劳动也是国民公德的关键内涵，更是身份认同、阶级意识形成的关键路径。新时代，体力劳动被赋予新的元素和特征，科学化程度更高，且渗入了更多的智能化因子，但体力劳动依然重要，是人全面发展、健康发展不可或缺的重要内容。可以说，体力劳动是成为人自身的主体需要，也是社会各个时代发展的必然要求。在社会主义社会，劳动人民是主体，时代新人是劳动人民的重要来源和关键人群。社会主义高校要培养时代新人，必须兼顾人和社会的共同诉求，以多元化、高质量的体力劳动教育培养全面发展的人。人的全面发展应该是完整发展、和谐发展、多方面发展、自由发展。体力劳动能力是完整发展要求的重要组成部分，是多方面发展、自由发展的重要基础。新时代大学生应着眼于个人发展的主体需要和社会发展的客体要求，积极投身于劳动教育，通过扎实的劳动实践锻炼，努力促成个人全面发展。

三、正确认识劳动教育对于社会发展和个人成长的重要作用

《意见》指出，劳动教育是中国特色社会主义教育制度的重要内容，直接决定社会主义建设者和接班人的劳动精神面貌、劳动价值取向和劳动技能水平。中国特色社会主义进入新时代，随着生产力发展、技术革新、文化进步和教育提升，传统劳动方式和组织形态发生了深刻变革，大学生的劳动越来越呈现出创造性、协作性、非物质性的特点。生长在新时代的大学生在劳动的概念、体验和收获上还有不足，对劳动的认识还不深刻，对劳动带来的价值也没有更深刻的理解。大学生的全面发展要在学习科学文化知识的同时，充分与劳动相结合，怀有劳动创造美好生活的信念，树立正确的劳动价值观、择业观，在劳动中汲取营养、获取智慧，努力追求和实现自我价值及个人全面发展。

首先，要处理好劳育与其他"四育"的关系，切实解决好"偏科"的问题。劳动教育是我国育人体系的重要组成部分，是一种有计划、有目的的教育，是为

社会主义现代化建设培养有用的人才。因此，劳动教育的出发点是培养人、发展人、完善人，不是为劳动而劳动。劳动教育的要义：一是通过劳动培育全面发展的人格；二是劳动教育包括但不等于具体劳动技术的学习，其核心目标应当是劳动价值观的培育；三是劳动教育包括但不等于体力劳动锻炼。劳动教育是树德、提智、强体、育美的重要基础，同时也以发展其他教育为旨归。离开其他"四育"，劳动教育便成了无根之木、无源之水。因此，在落实过程中，劳动教育不能孤立进行，而要和其他"四育"水乳交融，并驾齐驱，才能达到良好的育人效果。

其次，新时代大学生应当奋发有为，积极投身劳动实践活动，树立正确的劳动价值观，养成良好的劳动素养。其一，树立正确的劳动观点、积极的劳动态度，拒绝"好逸恶劳""不劳而获""一夜暴富"等错误或扭曲的价值观；其二，自觉形成尊重、热爱劳动过程、劳动成果和劳动人民的价值态度；其三，努力健全个人劳动素养，成为全面发展的人；其四，深度发展个人创造性劳动的潜质，努力成为新时代所需要的劳动者；其五，坚持良好的劳动习惯，成为有尊严、有教养的现代公民。

新时代的大学生要在学业和劳动中求真学问、练真本领、立鸿鹄志、做奋斗者，不仅要成为勤勤恳恳、兢兢业业的普通劳动者，更要成为技艺精湛的大国工匠和创造发明的科学大师，不论在什么岗位上，都要忠于祖国、忠于人民，养成一身能力与才华，积极投身社会主义建设。

第二章

新时代中国特色社会主义思想中的劳动观

党的十八大以来，我国逐步形成了新时代的马克思主义劳动观，丰富和充实了新时代中国特色社会主义思想体系，为决胜全面建成小康社会、夺取新时代中国特色社会主义伟大胜利、实现中华民族伟大复兴的中国梦提供了强大的思想引领和精神支撑。

第一节　新时代中国特色社会主义思想关于劳动的重要论述

一、重视劳动价值，弘扬劳动精神

"人类是劳动创造的，社会是劳动创造的。"这一论述立足于唯物史观，强调了劳动对人类的重要性，进一步指出无论时代条件如何变化，人类文明进步的历史事实都告诉人们，劳动不仅创造了人类，也是人类基本的实践活动和存在方式，还是人类生存和发展的最基本条件，更是人类创造物质财富和精神财富的基本途径。从马克思的"劳动创造了人本身"到"劳动是人类的本质活动"，既是对唯物史观劳动思想的继承与发展，也是"劳动是人类的本质活动"这一思想在新时代中国特色社会主义伟大事业中的生动体现。从这个意义上讲，新时代中国特色社会主义劳动思想是对马克思主义劳动哲学的继承和发展，是马克思主义中国化的最新成果，是新时代中国特色社会主义理论体系的重要组成部分。

党中央号召我们，要在全社会大力弘扬劳动光荣、知识崇高、人才宝贵、创造伟大的时代新风，促使全体社会成员弘扬劳动精神，推动全社会热爱劳动、投身劳动、爱岗敬业，为改革开放和社会主义现代化建设贡献智慧和力量。劳动模范和先进工作者、先进人物不仅自己要做好工作，而且要身体力行向全社会传播劳动精神和劳动观念，让勤奋做事、勤勉为人、勤劳致富在全社会蔚然成风。特别是要通过各种措施和方式，教育引导广大青少年牢固树立热爱劳动的思想、牢固养成热爱劳动的习惯，为祖国发展培养一代又一代勤于劳动、善于劳动的高素质劳动者。

中国梦的实现需要全体中国人的共同努力。坚持实干兴邦，始终坚持和发展中国特色社会主义。只有在全社会牢固树立崇尚劳动、劳动光荣的"实干"精神，才能实现"兴邦"的伟大梦想。新时代中国特色社会主义劳动思想夯实了全民族"实干兴邦"的劳动实践观，鼓励以辛勤劳动、诚实劳动、创造性劳动成就伟大梦想。

二、尊重劳动者，弘扬劳模精神

劳动态度、劳动模范、劳模精神在中国特色社会主义事业中发挥着重要作用，全社会应始终弘扬劳模精神、劳动精神、工匠精神，为中国经济社会发展汇聚强大正能量，为实现中国梦提供"崇尚劳动"的价值引领。强调劳模精神作为精神财富的重要意义，凸显了劳模精神的时代内涵，充分体现出党中央对劳动模范成绩的高度认可和殷殷关怀。在新时代，我们要大力弘扬劳模精神和工匠精神，营造劳动光荣的社会风尚和精益求精的敬业风气。

三、维护劳动者利益，构建和谐劳动关系

劳动应以人为中心，重视劳动对劳动者自身的价值与作用。总体看来，新时代中国特色社会主义劳动思想的重要内涵之一就是"造福劳动者"，特别注重"共建"与"共享"的关系，即"国家建设是全体人民共同的事业，国家发展过程也是全体人民共享成果的过程"，在共同建设的基础上，更要"实现好、维护好、发展好最广大人民根本利益，特别是要实现好、维护好、发展好广大普通劳动者根本利益"，让改革发展成果更多更公平惠及人民，坚持社会公平正义，排除阻碍劳动者参与发展、分享发展成果的障碍，努力让劳动者实现体面劳动、全面发展，这充分彰显了新时代中国特色社会主义劳动思想以人民为中心的本质特征，高扬了人的主体性。

"劳动是推动人类社会进步的根本力量""劳动是一切成功的必由之路"。应该讲，劳动不仅创造了人类，而且创造了社会，并推动着社会历史滚滚向前发展。正是站在这样的理论高度上，"人民创造历史，劳动开创未来"。从马克思认为"劳动是任何一个民族存在和发展的基础"到"劳动开创未来"，进一步揭示了劳动与社会发展的本质联系。所以，全面建成小康社会、建成富强民主文明和谐美丽的社会主义现代化国家、实现中华民族伟大复兴，根本上需要依靠劳动，依靠劳动者创造。

实现中华民族伟大复兴是中国未来的发展方向，而劳动则是实现社会发展走向民族复兴的根本路径。这些既深刻阐释了依靠劳动实现发展的哲学意义，又揭示了劳动发展的本质所在，并赋予了丰富的时代内涵，重申和强调了劳动对于发展的历史价值和重要意义，丰富和发展了马克思主义劳动观。

党的十九大报告在对决胜全面建成小康社会做出部署的同时，明确了从2020年到21世纪中叶分两步走全面建设社会主义现代化国家的新目标。这一目标描绘了建成富强民主文明和谐美丽的社会主义现代化强国的宏伟蓝图，对新时代中国特色社会主义发展做出战略安排。劳动是通向未来的必经之路，只有全国各族人民辛勤劳动、诚实劳动、创造性劳动，脚踏实地地劳动，才能描绘出更加绚丽多彩的美好未来，从而最终实现中华民族的伟大复兴。

第二节　新时代中国特色社会主义思想中对青少年树立劳动观的阐释

切实加强劳动教育，努力把广大青少年培养成勤于劳动、善于劳动、热爱劳动的高素质劳动者，是新时代党和国家对教育的根本要求。党中央号召我们，要全面建成小康社会，进而建成富强民主文明和谐的社会主义现代化国家，实现中华民族伟大复兴，必须依靠知识，必须依靠劳动，必须依靠广大青年。这是我们国家和民族发展的力量所在，也是我们事业成功的力量所在。"青年强则国家强，青年一代有理想、有本领、有担当，国家就有前途，民族就有希望"，这集中体现为"劳动四最"的新时代劳动价值观，构成了新时代青少年劳动素养培养的核心内涵。

要在全社会大力弘扬我国工人阶级的优秀品质，大力宣传劳动模范和其他典型的先进事迹，加强对广大青少年的教育，让劳动最光荣、劳动最崇高、劳动最伟大、劳动最美丽的观念蔚然成风，让全体人民进一步焕发劳动热情、释放创造潜能，通过劳动创造更加美好的生活，这也是党中央向全社会发出的尊敬劳动模范、弘扬劳模精神的伟大号召。

而要在学生中弘扬劳动精神，教育引导学生崇尚劳动、尊重劳动，懂得劳动最光荣、劳动最崇高、劳动最伟大、劳动最美丽的道理，长大后能够辛勤劳动、诚实劳动、创造性劳动，这更是党中央对广大青少年的殷殷寄语。

劳动"四最"既是相互联系、有机统一的整体，昭示了新时代劳动精神的价值指向，激励了新时代劳动者积极投身劳动，以劳动共筑美好新时代；又具有不同的价值意蕴，即劳动奉献最光荣、劳动人民最崇高、劳动实践最伟大、劳动创造最美丽。

（一）劳动奉献最光荣

"劳动奉献"反映的是处理个人利益和集体利益、局部利益和全局利益、眼前利益和长远利益的关系时采取舍己为人、无私奉献的价值导向。作为一种主观感受，"劳动奉献最光荣"彰显了每个劳动者美好的价值追求。当人们的劳动价值得以实现、言论得到认同、行为得到效仿、需要得到满足时，由此产生的欣慰、自豪、荣耀的自我积极心理体验会激发劳动者以更大的热情投入社会劳动，从而创造更高的价值。作为一种价值观念，"劳动奉献最光荣"代表了全体劳动者应有的价值立场。弘扬劳动精神就是要发扬无私奉献精神和服务他人意识，培育社会主义核心价值观，同各种好逸恶劳的错误思想彻底割裂开来，时刻警惕不劳而获、投机取巧、贪图享乐等错误观念。作为一种社会风尚，"劳动奉献最光荣"是整个社会对劳动及其成果的价值评价。唯有在"劳动奉献最光荣"涌动的社会思潮下，新时代劳动精神才能发挥出凝聚人心、引领风尚和激励先进的巨大作用。

（二）劳动人民最崇高

党的十九大报告指出，人民是历史的创造者，是决定党和国家前途命运的根本力量。劳动人民是国家的主人，人民群众中蕴藏着无尽的智慧和力量。劳动人民既是历史的创造者，也是劳动精神的创造者，更是新时代劳动精神的开拓者。"人民是历史的创造者，是推动我国经济社会发展的基本力量和基本依靠。"全体劳动人民都是历史的见证者、参与者和创造者，崇高的劳动精神来自崇高的劳动人民。对历史发展和社会进步作出杰出贡献的劳动人民最崇高，新时代劳动者是全面建成小康社会、坚持和发展新时代中国特色社会主义的主力军，同时也是劳动精神的忠诚继承者和坚定发扬者。新时代劳动精神始终以人民为中心，一切为了人民实现美好生活，一切依靠劳动人民创造历史伟业。劳动人民对美好生活的需要是推动社会历史不断前进的根本动力，新时代劳动精神的根本出发点和落脚点在于实现好、维护好、发展好广大普通劳动者根本利益，实现共建与共享统一。

（三）劳动实践最伟大

"人类的美好理想，都不可能唾手可得，都离不开筚路蓝缕、手胼足胝的艰苦奋斗。"新时代劳动精神应贯彻到进行伟大斗争、建设伟大工程、推进伟大事业、实现伟大梦想全过程。首先，伟大梦想必须经由劳动实现。实现中华民族伟大复兴的伟大梦想需要伟大的劳动精神作支撑。"伟大梦想不是等得来、喊得来的，而是拼出来、干出来的。"实现伟大梦想，要弘扬这种伟大的新时代劳动精神，增强团结一心的精神纽带、自强不息的精神动力，永远朝气蓬勃迈向未来。其次，伟大斗争必须依靠劳动进行。"我们国家的发展前景十分光明，但道路不可能一帆风顺，蓝图不可能一蹴而就，梦想不可能一夜成真。"当前，改革发展任务之重、矛盾风险挑战之多、治国理政考验之大都是前所未有的，我国越发展壮大，遇到的阻力和压力就会越大，要求我们以一种勇立潮头、走在前列的勇气，一种冲开绝壁、夺隘而出的锐气，投身改革创新的时代潮流，坚决破除一切顽瘴痼疾，通过调整生产关系激发社会创造活力，让中国特色社会主义迸发生机活力。再次，伟大工程必须通过劳动建设。"劳动，是共产党人保持政治本色的重要途径，是共产党人保持政治肌体健康的重要手段，也是共产党人发扬优良作风、自觉抵御'四风'的重要保障。"推进党的建设新的伟大工程，必须始终坚持艰苦奋斗的优良传统，党员干部要带头弘扬劳动精神，发扬艰苦奋斗之风，增强同劳动人民的感情，真正地深入群众、发动群众、组织群众、带领群众，在各自岗位上勤勉工作，做出经得起历史和人民检验的实绩。最后，伟大事业必须根据劳动推进。"我们所处的时代是催人奋进的伟大时代，我们进行的事业是前无古人的伟大事业，我们正在从事的中国特色社会主义事业是全体人民的共同事业。"新时代劳动精神是激励全党全国各族人民奋勇前进的强大现实力量，功崇惟志，业广惟勤，一砖一瓦方能砌成中国特色社会主义事业大厦，一点一滴才能创造人民美好幸福生活。

（四）劳动创造最美丽

"艺术对象创造出懂得艺术和能够欣赏美的大众——任何其他产品也都是这样。因此，生产不仅为主体生产对象，而且也为对象生产主体❶。"马克思在《1844年经济学哲学手稿》中指出："忧心忡忡的穷人甚至对最美丽的景色都没有什么感觉；贩卖矿物的商人只看到矿物的商业价值，而看不到矿物的美和特性；他们没有矿物学的感觉。"劳动衍生了同人的本质和自然界的本质的全部丰

---

❶ 马克思恩格斯选集（第2卷）[M].北京：人民出版社，1972：95.

富性相适应的审美感觉，这成为马克思主义美学的重要依据。劳动乃是人按照人的本质、美的规律改造世界的过程，因此劳动是最能体现人的本质力量和审美精神的实践活动。

新时代生机勃勃、充满活力，中国共产党团结带领全体人民共谋国家富强，全国各族人民勠力同心建设社会主义现代化强国，不断开创历史新局面。新时代劳动精神本身凝聚着劳动之美，且蕴含在崇高的道德境界和高尚的道德情操之中，"最美乡村教师""最美乡村医生""最美消防员"等无数新时代奋斗者，都在平凡的岗位上成就着不凡的人生，在劳动奉献中实现人生价值并领悟劳动精神的美。

在完成"两个一百年"奋斗目标和实现中华民族伟大复兴的中国梦的征程中，推崇劳动、加强劳动教育已成为新时代的必然要求，具有重大的现实意义。劳动不仅创造了人类，也是人类的本质特征和存在方式，并推动着社会历史滚滚向前发展。

第三章

在新时代传承
弘扬劳模精神

◄◄◄

　　劳动模范是工人阶级的优秀代表，是时代的引领者，他们在中国革命、建设、改革的各个历史时期都发挥了先锋模范作用。当代青年要积极学习他们爱岗敬业、争创一流、艰苦奋斗、顽强拼搏、淡泊名利、甘于奉献的劳模精神，让劳模精神成为我们追求的一种风尚，成为指引我们工作、学习、生活的风向标，传承、弘扬劳模精神，奋勇前进，不断创新，做一名新时代的劳动者。

学习目标

1.知识目标

了解劳模的内涵及其类型；认识劳模精神的内涵及其价值。

2.素质目标

学习劳模精神；培养立足岗位、爱岗敬业的学习、工作态度。

课堂导入

案例：全国劳动模范申纪兰

2019年9月29日，为党和人民事业做出巨大贡献的"共和国勋章"获得者——申纪兰，登上国家最高领奖台，接受党和人民的致敬。这让作为"共和国勋章"获得者的申纪兰，这位心系群众、梦随共和，用一生践行"不忘初心、牢记使命"，为中国劳动妇女拼出"半边天"的老劳模激动万分。

20世纪50年代，平顺县西沟村还是一个山连山、沟连沟的贫穷小山村。1947年，18岁的申纪兰嫁到了西沟村，婚后第6天便开始下地劳动。

那个时候，妇女连劳动的权利也没有。而倔强的申纪兰不但自己打破旧俗下地劳动，还动员其他六七个姐妹一起参加劳动。为了争取妇女平等的劳动权利，她组织村里开展男女劳动竞赛，并最终赢得了比赛，用劳动成果争得了"男女同工同酬"的待遇。

1954年，25岁的申纪兰作为劳模代表，当选第一届全国人大代表，在她的积极倡导和推动下，"男女同工同酬"被正式写入《中华人民共和国宪法》。

作为全国唯一一名连续当选第一届至第十三届全国人大代表者，申纪兰始终保持爱国爱党初心不渝，扎根农村本色不改。"当人大代表，就要代表人民，为人民说话，给人民办事。"担任全国人大代表60多年来，申纪兰始终将目光聚焦"三农"，她通过建议和议案，将加强农业基础地位、珍惜和合理使用土地、减轻农民负担、加强山区公路交通建设等问题推动落实，带动老区脱贫振兴进入快车道。

1973年至1983年，在担任山西省妇联主任期间，手握权力的申纪兰却提出了著名的"六不"约定，即不转户口、不定级别、不领工资、不要住房、不调工作关系、不脱离劳动。她说她的根在农村，西沟的每座山上都有她的脚印，每片土地上都有她的汗水，她只是一名农民，她获得的荣誉也属于劳动人民。

申纪兰一路见证着新中国从站起来、富起来到强起来的巨大飞跃，心中沉淀下的是共产党人始终不渝的使命和初心。

思考：

（1）你如何理解"劳动人民，始终是申纪兰不变的本色"？

（2）从申纪兰身上，你看到了一种什么精神？

第一节 劳模精神是永远的财富

一、劳模的内涵

劳动模范是劳动群众的杰出代表，是最美的劳动者。

（一）什么是劳模

劳模，即劳动模范的简称。劳动模范是工人阶级的优秀代表，是民族的精英、国家的栋梁、时代的先锋、人民的楷模。

（二）劳模评选的条件

全国劳动模范和先进工作者必须热爱祖国，坚决拥护中国共产党的领导和社会主义制度，高举中国特色社会主义伟大旗帜，带头学习贯彻新时代中国特色社会主义思想，认真执行党的路线方针政策，模范遵守党纪国法，增强"四个意识"、坚定"四个自信"、做到"两个维护"，在本职岗位上奋发进取、拼搏奉献，以永不懈怠的精神状态和一往无前的奋斗姿态，积极为实现中华民族伟大复兴的中国梦贡献力量，在群众中享有较高威信，一般应获得过省部级表彰奖励，并具备下列条件之一。

（1）在坚持新发展理念，建设现代化经济体系，加快建设创新型国家，完善社会主义市场经济体制，推动高质量发展，转变发展方式、优化经济结构、转换增长动力，防范化解重大风险方面作出突出贡献的；

（2）在深化供给侧结构性改革，积极去产能、去库存、去杠杆、降成本、补短板，加快建设制造强国，发展先进制造业，建设知识型、技能型、创新型劳动者大军方面作出突出贡献的；

（3）在大力实施乡村振兴战略和区域协调发展战略，推动农业农村优先发展、城乡融合发展，加快推进农业农村现代化，支持革命老区、民族地区、边疆地区、贫困地区加快发展，优化区域发展格局，推动区域优势互补方面作出突出贡献的；

（4）在推动全面深化改革，坚持和完善中国特色社会主义制度，推进国家治理体系和治理能力现代化，深化全面依法治国实践，破除思想痼疾和体制机制弊端方面作出突出贡献的；

（5）在坚定文化自信，推动社会主义文化繁荣兴盛，激发全民族文化创新创造活力，推动文化事业和文化产业发展，推进建设社会主义文化强国方面作出突出贡献的；

（6）在全面建成小康社会，提高保障和改善民生水平，坚决打赢脱贫攻坚战，办好人民满意的教育，促进更充分更高质量就业，加强社会保障体系建设，实施健康中国战略，加强和创新社会治理，有效维护国家安全，保卫人民生命财产安全方面作出突出贡献的；

（7）在加快生态文明体制改革，建设美丽中国，推进绿色发展，着力解决突出环境问题，加大生态系统保护力度，坚决打赢污染防治攻坚战方面作出突出贡献的；

（8）在坚持和加强党的全面领导，坚持党要管党、全面从严治党，推进党的政治建设、思想建设、组织建设、作风建设、纪律建设，深入推进反腐败斗争，不断提高党的执政能力方面作出突出贡献的；

（9）在坚持"一国两制"，推进祖国统一，推进国防和军队现代化，坚持和平发展道路，坚持对外开放，积极促进"一带一路"国际合作，推动构建人类命运共同体方面作出突出贡献的；

（10）在其他方面作出突出贡献的。

 第三章 在新时代传承弘扬劳模精神

二、劳模精神

"爱岗敬业、争创一流，艰苦奋斗、勇于创新，淡泊名利、甘于奉献"的劳模精神，生动诠释了社会主义核心价值观，是我们的宝贵精神财富和强大精神力量。

（一）劳模精神的内涵

劳动模范是时代的先锋、民族的楷模，他们身上承载和彰显的劳模精神一直发挥着引领作用，丰富和拓展了中国精神的内涵，充分展现出我国新时代工人阶级和劳动群众的高度自信，已成为社会主义核心价值体系的重要组成部分。

劳模精神主要体现在以下几个方面。

1. 爱岗敬业、孜孜不倦

爱岗敬业是爱岗和敬业的总称，爱岗指热爱自己的工作岗位，热爱本职工作，这是职业道德的基础，它与敬业二者互为前提、相辅相成。即使面对的是乏味的、枯燥的工作，也能以一颗赤诚之心孜孜不倦地投入其中。

2. 争创一流、勇当源头

争创一流，就是要做得比其他人强，敢于争当标兵，敢于做他人的榜样；勇当源头，就是要进行大胆的尝试，有勇气，有决心，排除万难，勇于开创。劳模们就是凭借这样一种精神，在自己的工作岗位上刻苦钻研，让平凡的工作成为自己崇高的事业。

3. 艰苦奋斗、顽强拼搏

艰苦奋斗、顽强拼搏、自强不息，自古以来就是中华民族的传统美德。勤劳勇敢的中国人民正是凭借这种精神，让饱经沧桑的中华民族屹立于世界的东方。在建设中国特色社会主义现代化的进程中，艰苦奋斗、顽强拼搏的精神在劳模们身上彰显得更加明显，更加突出。

4. 淡泊名利、甘于奉献

"人世间的美好梦想，只有通过诚实劳动才能实现"。盘点劳模，我们就能发现他们身上具有的淡泊名利、甘于奉献的特质，不论眼前的事物多么纷繁，他们总是能穿越迷雾，坚定地向自己心中设定的目标前进、奋斗。心无杂念，淡泊名利，宁静致远，劳模们用他们的实际行动诠释着一名普通劳动者应该有的人生态度。

5. 砥砺奋进、开拓创新

劳模精神永不过时。无论时代怎样变迁，劳动模范始终都是时代的领跑者，是时代最为蓬勃向上的力量。新时代涌现出越来越多的智慧型劳模和创新型劳模，他们开拓创新、刻苦钻研、勇于担当，不断谱写时代发展新篇章。

（二）中国劳模精神的历史嬗变

回首中国革命和建设走过的风风雨雨，中国劳模精神简明而深刻地展示着近现代中华民族不同时期人文精神的演进与发展，鲜明而自然地体现了我们伟大的民族能够与时俱进、开拓创新的时代精神，凝重而浪漫地述说着中华民族的时代思想与情愫，准确而完美地展示了中华民族顽强拼搏、自强不息的崇高品格。

1.“能手加英雄”：中国劳模精神的萌芽期（20世纪30～40年代）

中国劳模群体的出现并不是偶然的，它正是在中国共产党建立了红色革命政权以后，在中华苏维埃共和国临时中央政府诞生于瑞金后，在边区财政经济困难的情况下，在毛泽东同志的亲自领导下，为了团结群众、发动群众而开展的，是中央苏区经济建设需要的历史产物。陕甘宁和晋绥边区、晋察冀和晋西北革命根据地开展了大生产运动和各项建设，寻找典型和树立典型劳动模范，掀起了党的历史上第一次真正意义上的大规模劳模运动，并对劳模精神的产生起到了关键作用。革命战争年代的劳模群体作出了重大贡献，呈现出“为革命生产劳动、为革命拼命献身、为革命苦干巧干”的“革命型”特征，劳模精神开始萌芽。革命战争年代的劳模精神为解放区劳动人民提供了强大的精神动力，极大地推动了根据地的物质生产，加快了党领导下的新民主主义革命胜利和新中国成立的进程。

劳模精神萌发孕育于革命战争年代。革命战争年代的劳模秉承着井冈山精神，胸怀延安精神和南泥湾精神，战胜了一个又一个困难，为新民主主义革命的胜利作出了巨大贡献。

2.“苦干加实干”：中国劳模精神的雏形期（20世纪50～70年代）

中国共产党沿袭革命战争时期开展大生产运动和劳动竞赛的做法，动员广大工人和农民积极投入到新中国社会主义经济建设中，并大力开展劳模评选表彰。从1950年首次开展全国劳模表彰到1979年共召开了9次全国劳模表彰大会，共表彰劳动模范、先进工作者和先进生产者 13600 余人，其中包括孟泰、时传祥、王进喜、申纪兰、王崇伦、向秀丽、马永顺、赵梦桃、张秉贵、马恒昌、李顺达、郭凤莲、王大衍、钱学森、袁隆平、陈景润等一大批国人皆知的劳模。劳模群体在艰苦的环境中练就了坚毅品质和勤劳品格，继承了踏实朴素、艰苦奋斗的优良传统，他们为了新中国的发展建设愿做老黄牛、勇当拓荒牛、甘为孺子牛，勤勤恳恳、无私奉献、坚忍不拔、顽强拼搏、开拓奋进的"老黄牛精神"成了新中国成立到改革开放前中国劳模精神的时代内核，激励和鼓舞着中国人民独立自主、艰苦奋斗、自力更生，在社会主义初级阶段建设的各个方面都发挥了极大的作用，构筑了一座不朽的精神丰碑。

3. "科技加创新"：中国劳模精神的发展期（20 世纪 80 年代至今）

党和国家从 1980 年开始至今共召开 6 次劳模表彰大会，在会议名称和召开时间上开始统一，都称为"全国劳动模范及全国先进工作者表彰大会"，每五年举行一次，并且都是在"五一"国际劳动节前召开。改革开放后，劳模（包括劳动模范和先进工作者）评选表彰范围不断扩大，从 20 世纪 90 年代中叶开始向在社会主义经济建设和教育科学卫生体育等领域作出贡献的人倾斜，这个标准被沿用至今。新世纪，社会对劳动价值的评判，已从"出大力流大汗、苦干加巧干"向知识型，创造社会效益、经济效益型方向转变，劳模也逐渐多元化。当代中国劳模身上体现出"爱岗敬业、争创一流，艰苦奋斗、勇于创新，淡泊名利、甘于奉献"的劳模精神，生动体现了当今的时代精神特色，为中国经济社会发展，中国特色社会主义现代化建设，实现中华民族伟大复兴的中国梦汇聚了强大的动能。

第二节　坚持弘扬劳模精神

全社会都应该尊敬劳动模范、弘扬劳模精神，让诚实劳动、勤勉工作蔚然成风。

弘扬劳模精神是中国共产党在新时代的伟大历史征程中吹响的又一次号角。

党的十八大以来，以习近平同志为核心的党中央高度重视弘扬劳模精神，明确阐述劳模精神的时代内涵，明确给予劳模精神新的时代定位，明确劳模精神的发展方向和历史使命，明确肯定弘扬劳模精神的积极作用和意义。通过广泛开展劳模选树表彰，肯定劳模的历史贡献，健全完善劳模管理制度，提高劳模的政治待遇、经济待遇和社会待遇，号召全社会向劳模致敬，为劳模发挥作用搭建了宽广舞台。新时代、新征程、新起点，我们必须通过不断探索、创新方法和途径来弘扬劳模精神，迎接新时代中国发展新的挑战和机遇。

一、坚持"四个尊重"的重大方针

"全社会都要贯彻尊重劳动、尊重知识、尊重人才、尊重创造的重大方针"。其目的在于最广泛、最允分地调动一切积极因素，凝聚一切积极力量，为中国特色社会主义现代化建设获得取之不尽的力量源泉。

第一，必须提倡尊重劳动。劳动"是一切人类生活的第一个基本条件，而且达到这样的程度，以致我们在某种意义上不得不说：劳动创造了人本身"。劳动是人类最基本和最重要的社会实践，是人类生存和发展的基础和根本前提，是推动历史前进的动力。因此包括体力劳动和脑力劳动、简单劳动和复杂劳动、抽象劳动和具体劳动在内的一切劳动都应当受到尊重。我们要注意纠正两种错误观点：一是认为只有体力劳动才是劳动，不把脑力劳动作为劳动来看待；二是认为"劳心者治人，劳力者治于人"，轻视、歧视、鄙视体力劳动。尊重劳动就要尊重劳动者创造的价值，无论是物质价值还是精神价值；就要维护劳动者的尊严，保障劳动者的基本权益；实质就是尊重劳动者，不仅包括工人农民、知识分子，还包括改革开放以来出现的新的社会阶层。

第二，必须提倡尊重知识。知识，是人类创造的，是人类长期以来在社会实践中总结出来的经验和智慧，并被人类使用来武装人、充实人和发展人。"知识就是力量"。知识是人最为宝贵的财富，既可以转化为物质力量，创造物质财富，又可以是精神力量，激发人的斗志，给人以启迪，给人以无限希望。知识是人类创造和使用的，尊重知识就是尊重人类自己；知识是人类实践的成果，尊重知识就是尊重历史文明；我们称拥有大量丰富知识的群体为知识分子，尊重知识就是尊重知识分子；知识，尤其是科学知识，推动和发展着人与人类社会，尊重知识就是尊重科学技术。尊重知识集中凸显于要重视教育，在发展科学技术上下功夫，把科学技术搞上去。尊重知识以尊重劳动实践为前提，是尊重劳动的必然要求。

第三，必须提倡尊重人才。当今世界各国综合国力的竞争，归根结底就是人才的竞争。人才是实现民族振兴、赢得国际竞争主动的战略资源。"两个一百年"奋斗目标和中华民族伟大复兴中国梦的实现都离不开人才。新时代，我们需要树立正确的人才观念，以提高人才培养质量为己任，弘扬当代中国劳模精神，营造培育人才的时代风尚，使技能宝贵、创新光荣、创造伟大、人才可贵成为全社会共识。依靠人才、重视人才、用好人才、关爱人才，充分发挥各类人才的作用，搭建人才施展抱负的宽阔舞台，完善人才流动和管理机制，落实好待遇保障，让人才不断创造新业绩。

第四，必须提倡尊重创造。在经济全球化和现代化的背景下，实现全面小康社会和"两个一百年"的建设目标，实现富强民主文明和谐的中国特色社会主义现代化国家和美丽的中国梦，从根本上要依靠劳动、依靠中国广大劳动人民群众的创造。创造是推动人类社会文明进步的持久力量和基本方式，一切创造，无论是个人创造还是集体创造，无论是物质创造还是精神创造，都值得尊重和鼓励。从某种意义上讲，创造是人有意识地对世界进行探索性劳动的行为和过程，一般都带有创新性特点，所以尊重创造也就是尊重创新。劳动贵在创造，没有创造，劳动只能是简单的重复；科技贵在创新，没有创新，科技只能是不停地倒退。中国已经进入现代社会，要靠创新创造才能带来社会经济的发展进步，需要有创新性思维和创新创造能力的人通过创造性劳动来完成。

二、坚持弘扬劳模精神的意义

劳模精神是工人阶级先进性的集中体现。在中国革命、建设、改革的各个历史时期，我国工人阶级都具有走在前列、勇挑重担的光荣传统，我国工人运动都同党的中心任务紧密联系在一起。劳动模范作为工人阶级的优秀代表，是时代的引领者，在工作生活中发挥了先锋和排头兵作用，他们以辛勤劳动、诚实劳动和创造性劳动，持续推动着社会进步、国家发展和民族复兴。劳模精神作为劳动模范的思想内核、行动指南和精神灯塔，成为推动时代前进的强大精神动力，充分体现了工人阶级先进性的主体地位，彰显了工人阶级的伟大品格，推动了工人阶级的成长进步。

第一，劳模精神是工人阶级主人翁意识的集中凸显。主人翁意识是劳模精神的内在本质，是正确认识和理解劳模精神的关键词。正是因为自觉的、强烈的主人翁意识，劳模才以车间为家、以厂为家、以企为家、以国为家，才具有积极主动的岗位意识、职业意识、进取精神和创新精神，才在本职工作中充分发挥积极性、主动性和创造性，才能够艰苦奋斗、淡泊名利、甘于奉献，自觉把人生理想、家庭幸福融入国家富强、民族复兴的伟业之中，最终建构起个人与集体、个人梦与中国梦、小家与国家民族融合统一的发展共同体和命运共同体。

第二，劳模精神是社会主义核心价值观的生动诠释。劳模精神的重要元素和构成因子，像岗位意识、职业精神、进取精神、拼搏精神、创新精神、家国情怀和奉献精神等，是对社会主义核心价值观的生动诠释和现实呈现。可以说，劳模精神是社会主义核心价值观的具象化、人格化和现实化。一方面，劳模是遵循社会主义核心价值观的典范样本，是社会主义核心价值观的模范实践者、生动传播者和最有说服力的检验者；另一方面，劳模之所以能够成为全社会学习的典范，一个重要原因就在于其主动自觉地遵循并践行了社会主义核心价值观。

第三，劳模精神是时代精神的生动体现。劳模精神是引领时代新风的精神高地，生动体现了时代精神的精神实质、主要特征和重要内容。一方面，劳模精神具有鲜明的时代特征，是时代精神的生动体现。作为一种文化精神，劳模精神不是一成不变的，而是实践的、创新的、鲜活的、生动的存在，随着国家意识形态、经济社会形势的变化和时代的变迁而不断演变发展。另一方面，劳模精神推动了时代精神的发展，丰富了时代精神的内涵。在劳模的创造性实践和不断探索中，激发出蕴含着自主性、首创性、先进性元素的劳模精神，呈现着社会进步的发展方向。劳模精神不断为时代精神注入新能量，凸显并丰富时代精神的内涵。

第四，劳模精神当代品格的核心要素是工匠精神。从本质上讲，工匠精神是一种基于技能导向的职业精神，它源于劳动者对劳动对象品质的极致追求，它具有精益求精、专注执着、严谨慎独、创新创造、爱岗敬业以及情感浸透、自我融入的基本内涵，既表现了极致之美的品质追求，又体现了敬业之美的精神原色，更展现了创造之美的价值升华。工匠精神是劳模精神的重要构成要素，也是劳模精神当代品格的核心体现。工匠精神充分凸显了新时代劳模精神爱岗敬业、精益

第三章 在新时代传承弘扬劳模精神

求精、追求卓越的精神品质和价值导向，可以说，工匠精神是对劳模精神的重要深化和丰富发展。

第五，劳模精神是培育时代新人的重要手段。一方面，劳模精神作为社会主义核心价值观的生动体现，更简单为人们所理解，更容易为人们所接受，更方便为人们所模仿，将对培育时代新人起到重要推动作用。另一方面，通过强化教育引导、舆论宣传、文化熏陶、实践养成、制度保障，培养和造就具有劳模精神的时代新人，就能够激发广大劳动者干事创业的积极性、主动性和创造性。因此，要紧密围绕培养时代新人这个重大命题，在全社会特别是各级学校教育中培育、弘扬和践行劳模精神，引导全社会特别是青少年树立正确的劳动价值观，全面提升劳动者的整体素质和精神品格。

第六，劳模精神是实现伟大复兴中国梦的重要力量。一方面，劳模精神是实现伟大复兴中国梦的宝贵精神财富。在全社会弘扬和践行劳模精神，营造尊重劳动、尊重知识、尊重人才、尊重创造的社会氛围，涵养以辛勤劳动为荣、以好逸恶劳为耻的社会风气，培育积极健康、开放包容的社会心态，才能够让"劳动光荣、创造伟大"成为时代强音，让"辛勤劳动、诚实劳动、创造性劳动"成为普遍认同的价值遵循。另一方面，劳模精神是实现伟大复兴中国梦的强大精神力量。要实现伟大复兴中国梦，实现从制造大国向制造强国的华丽转身，建设知识型、技能型、创新型劳动者大军，必须大力弘扬和践行劳模精神。如此，才能真正为中国经济社会发展汇聚强大正能量，才能真正为实现中华民族伟大复兴中国梦增砖添瓦。

第三节　做新时代的劳动模范

党的十九大报告中指出，要建设知识型、技能型、创新型劳动者大军，弘扬劳模精神和工匠精神，营造劳动光荣的社会风尚和精益求精的敬业风气。就其精神载体来看，劳模精神与工匠精神、中华文化具有一脉相承的价值底蕴和价值导向。如何将劳模精神内化为意志品质，用干劲、闯劲、钻劲激发更多的新时代青年勇做"实干兴邦"的"代言人"，这彰显了新时代劳模精神的崭新价值意蕴。

一、新时代劳动模范精神的价值意蕴

（一）从内容上看，新时代劳模精神是马克思主义劳动观的生动展现

"劳动创造了人类社会，劳动推动了人类社会的发展，劳动是价值和财富的源泉"。社会主义制度下的劳动不再是异化的，而是体现平等、回应人的本性，这为新时代劳模精神的产生提供了丰沃的土壤，而劳模精神也在中国特色社会主义进入新时代的征程中不断发挥凝聚力、生命力、创造力。新时代劳模精神，需要立足新时代、把握新矛盾、学习新思想、掌握新方略、迈上新征程。

（二）从地位上看，新时代劳模精神是中华优秀文化的时代结晶

回顾中华文明史，中华文化源远流长，有中华优秀传统文化、革命文化、社会主义先进文化，贯穿其中的劳动人民的生产实践及其凝练出的劳模精神，又在新的时代条件下再生再造、凝聚升华。从钻木取火到大禹治水，从《管子·地数篇》到《天工开物》，无不凝结着劳动者踏实朴实、甘于奉献的精气神，这种精气神传承了中华文化的因子，为劳模精神与中华文化在推动中华民族向前发展的进程中注入强大的精神动力。

（三）从目标取向上看，新时代劳模精神根植于中国共产党领导中国人民进行的长期奋斗

从新中国成立以来的70多年来看，我国经历了1959—1961年的三年困难时期、1976年的唐山大地震、1998年的特大洪水、2003年的非典、2008年的汶川地震，以及2020年爆发的新型冠状病毒肺炎疫情。然而多难兴邦，在一场场具有许多新的历史特点的伟大斗争中，中国共产党始终是中国人民和中华民族的中流砥柱，有了这个主心骨，无论是科研攻坚者还是坚守一线者，无论是外卖小哥抑或90后护士，都在埋头苦干、躬身实践、共克时艰中造就了中国奇迹，也赋予了奋进新时代技术精湛、勇攀高峰、敢为人先的劳模形象和劳模精神，实现了劳动创造幸福的价值引领。

劳模精神与工匠精神相辅相成❶

就精神载体而言，劳模精神和工匠精神在产生机制、评价标准、时代背景、职业基础等方面存在明显区别。但是，这两种精神的内涵也具有共同特征：都继承了中华优秀传统文化中劳动文化的精髓，具有共同的文化底蕴；都立足于职业岗位，取得了突出业绩，作出了重要贡献，具有共同的价值导向；都练就了卓越技能，用个人的劳动实践阐释了劳动的境界，具有共同的价值实现。纵观不同时期的劳动模范，有许多劳动模范也堪称大国工匠，而今日很多大国工匠也无愧于劳动模范的荣誉称号。劳模精神和工匠精神都是以爱国主义为核心的民族精神和以改革创新为核心的时代精神的生动体现。

二、构建新时代劳动教育的新范式，提升劳模精神育人的实际效果

新时代劳动教育以马克思主义劳动观与新时代中国特色社会主义思想关于劳动重要论述的时代价值为指引，突出"原味"，添点"鲜味"，寻求劳模精神教育与新技术、新工具、新手段的有机融合，探索"立体劳动、智慧劳动、阳光劳动"的劳动育人模式。通过专业式引导、嵌入式教学、开放式共读、互动式交流的"四式"教学法，劳动教育能够互联互动，实现在线劳动教育资源共享，教育共同体共筑，教育教学活动共联的共建目标，努力让新时代劳动教育入脑入心，让劳模精神内化、升华。

（一）专业式引导

"广大劳动者无论从事什么样的职业，都要勤于学习、善于实践，踏实劳动、勤勉劳动，在工作上兢兢业业、精益求精"。劳模精神的培育需要专业式引领，要在贯穿、结合、深入上下功夫，逐步厚实劳模精神的教育内涵。仔细梳理各门课、各环节所承载的劳模精神元素和蕴含的劳动模范先进典型。从历史、文学课中致敬普通一线劳动者，见贤思齐，学习艰苦奋斗的优良传统，点亮共产党人的政治本色；从工科、理科的专业课程中，习得专业化技能，融入精益求精的工匠

---

❶ 李珂. 新时代劳模精神的崭新意蕴与当代价值[J]. 红旗文稿, 2020.(08).

精神，提高自主创新实践能力，增强专业认同感；从思政课中，感知马克思主义劳动观的思想光芒，理解新时代劳动教育的价值意蕴，树立正确的劳动观，渗透职业认同感，打造劳动教育的"金课"。

（二）嵌入式教学

新时代劳动教育需要体系化构建，加强教育的顶层设计，切实发挥课程的教育力。这是一次集 PBL 项目式教学、线上线下联动教学法的体验式劳动教育，通过"做中学"的理念，虚拟的线上阶梯教室也能营造出真实的学习体验。以劳动教育活动的组织引领整合学生的分散化，让每一个学生在精益求精、吃苦耐劳、锐意进取中淬炼精神，让强化社会责任和奉献精神的自我提升之路有陪伴、有目标、有思路、有信心、有底气。

此外，以学生喜闻乐见的方式渗透劳动教育的理论学习，成立"学习宣传劳动教育学生宣讲团"，同学们走进班级、社区、家庭、敬老院、中小学等，让宣讲"有朝气、接地气"，实现内部滚动式自我学习。同时，"田野课堂，自然为书"的研学活动，成为不少高校暑期三下乡的精品探索，从实践基地到历史名城，从田间地头到科学探索，在亲身体验中让劳动模范的精神滋养育人初心。

（三）开放式共读

读书，这一老生常谈的问题，经常是老师倡导的多、学生响应的少。即便参与，在固有模式下，单枪匹马，缺乏可持续的源动力。团队共读，秉承"核心＋开放"的原则，开展劳动教育"有字之书"的共读学习圈活动，还要在实践中读劳动之"无字之书"，让学生感知到踏踏实实的劳动带给我们心灵的滋养，进而形成紧密的互助共同体。

采用"社群运营"的手段进行管理，以直播"带货"的方式对共读成果进行推介，通过赋权激发学生的内部动能，形成主客体间正向循环，结构化、有目标，提升自我效能感，让一对多、多层次、可持续的劳动引领成为可能，契合马克思主义政党与时俱进的理论品格。

（四）互动式交流

新时代劳模精神的弘扬和培育的对象是"00 后"，这是一群伴随着互联网发展成长起来的"网络原住民"，故而"不珍惜劳动成果、不想劳动、不会劳动"的现象会更突出。如何点对点、键对键、面对面地了解当代大学生劳动教育的诉求，进而开展契合度高的教育活动，需要进行互动式交流，而交流的前提是聚合力量，以关照人的内在劳动需要为切入点，实现三变，即活动参与群体由"加法"变"乘法"，发展模式由"发散"变"聚合"，运行方式由"封闭"变"共享"，通过多样化、新颖化的呈现，用新时代劳模精神强化大学生的理想理念和价值观的存留度，有利于完善新时代劳动教育的引领机制、长效机制。

拓展阅读

中车青岛四方机车车辆股份有限公司钳工首席技师郭锐代表：

心怀"工匠精神"做好"带徒传技"[1]

"'复兴号'奔驰在祖国广袤的大地上"，作为一名高铁工人，每每听到这句话，我都心潮澎湃，更深感责任重大。高速动车组是国之重器，新冠肺炎疫情的暴发，给高铁装备行业带来了极大挑战。疫情期间，怎样保证"复兴号"动车组高效率、高品质达产交付，是我常常思考的问题。

"上为大国重器，下担产业引擎"，对我们来说，这不是一句空话，而是每一天实实在在的"战斗"。在这段特殊时期里，企业里的高技能人才，更要保持百分之百的专注和专业，因为技术达标是质量保证的前提。

一列"复兴号"动车组，有50多万个零部件，是一项庞大的系统工程，更是高精尖技术的集大成者。拿我所从事的转向架装配来说，胜败往往在"微米"之间。高铁列车跑得又快又安全，转向架是核心部件之一，相当于动车组的"腿脚"，装配要求极高。比如"复兴号"转向架的分体式轴箱，它的装配精度必须控制在0.04毫米之内。在复工达产的战场上，锻造微米间的品质，就是我们高铁人对疫情有力的阻击。

从事动车组转向架装配15年，我常常感到越熟识越敬畏。动车组齿轮箱小轴的轴向游隙测量，一直是生产线上的难题，按工艺标准，游隙调整空间只有0.02毫米。之前我发明了一种游隙测量工装，现在我想再精进一步，从"器"到"法"，研究一套更先进的操作方法。通过前期优化省力和定位装置、升级操作工艺、试验验证，这项攻关目前已进入正式论证阶段，推广以后，希望能帮助

---

[1] 载自《光明日报》，2020-05-21。

"复兴号"转向架的装配品质更上层楼。

让更多中国品牌成为世界品牌，一支心怀"工匠精神"的高技能人才队伍必不可少。因此，除了技能攻关，我还要做好"带徒传技"工作。

2019年年底，以我名字命名的"郭锐技能大师工作室"，正式成为国家级技能大师工作室。在这里，我和企业技能人才努力推进技能攻关、制造难题攻关、专利发明等工作。

现在，工作室已汇集转向架制造领域347名高技能人才，至今已有28人成长为技师、高级技师。复工以来，我和团队骨干开设了"工匠云课堂"，线上讲授专业技能课程。这次我还正式收下了3名徒弟，我给他们定了个目标：在年底成为高级技师。

现在，我所在的中车青岛四方机车车辆股份有限公司已经实现100%达产，"复兴号"动车组也陆续正常交付。我相信，我们这支敢打善拼的高铁队伍，一定能让更多的"复兴号"奔驰在更广袤的大地上。

三、做新时代最美劳动者，让青春在劳动中闪光

（一）让新时代劳动模范"活起来"

广大劳动群众要勤于学习，学文化、学科学、学技能、学各方面知识，不断提高综合素质，练就过硬本领。劳动模范是民族的脊梁，他们身上凸显出的"淡泊名利、艰苦奋斗、勇于探索"的意志品质，是立体、饱满的新时代劳动教育的精神宝库，"工匠精神"的优良品质是劳动模范高尚品德的时代表达，是"肯学肯干肯钻研、练就一身真本领、掌握一手好技术"的典范。新时代劳动模范的形象需要通过可视度高、互动性强的方法、工具、手段，与新时代青年产生"连接、呈现、体验、反思、应用"，不断激活大学生向劳动模范学习的同向同行的原动力。

（二）让新时代劳动模范"实起来"

"天眼"探空，"蛟龙"入海，"墨子号"发射，让我们由衷地相信幸福是奋斗出来的，劳动是奋斗的源泉。讲好新时代劳模故事，做新时代最美劳动者，就是要将"担当实干"扛在肩头，讲好"爱一行、干一行"的坚守与踏实，讲好"服务人民、报效祖国"的快乐与成长，讲好"爱岗敬业、争创一流"的态度与

第三章 在新时代传承弘扬劳模精神

45

尊严，用踏实劳动来源磨炼意志、淬炼精神，引导新时代大学生埋头苦干、真抓实干、做实干家，不断释放劳动潜能、焕发劳动热情。

（三）让新时代劳动模范"酷起来"

下力气聆听学生的声音，把"带着学生劳动"转变为"师生一起共同劳动"，开展以"美好劳动节"文化创意 show 为主题的系列活动，利用抖音小视频、b 站分享、荔枝 FM，制造一些外部具化的文化场景，给青年朋友们提供与劳动模范可接触、可参与、可体验的渠道，在增进亲近感、信赖感的同时，一方面让学生将自身劳动创造幸福的潜力迸发出来，从而带动周围的同学，增强对劳动理念的认同、对劳动课程的认同，另一方面寻求劳动教育与思政的有机融合，探索"全天候、立体化、强赋能、可辐射"的劳动育人模式，打造一个高净值、个性化、强链接的交互场域，让"边讲边做，学练结合"提高劳动模范精神育人的"沉浸感"，形成良好互动机制。

在全面加强新时代劳动教育的关键时刻，需要用更加饱满的热情、更加理性的认知、更加高效的方法，把握学生成长的内在规律，遵循劳动育人的教育原则，不断提炼新时代劳动育人的新样本，勇当新时代的劳动模范，让青春在劳动中闪光。

拓展阅读

第 24 届"中国青年五四奖章"评选和 2020 年"全国向上向善好青年"

推选结果揭晓❶

在五四青年节来临之际，共青团中央、全国青联共同颁授第 24 届"中国青年五四奖章"，表彰青年中的优秀典型和模范代表。决定授予丁良浩等 60 名同志第 24 届"中国青年五四奖章"，授予北汽福田国庆 70 周年群众游行彩车底盘制作和技术保障团队等 34 个青年集体第 24 届"中国青年五四奖章集体"，追授王烁等 34 名同志第 24 届"中国青年五四奖章"。

同时，共青团中央还公布了 2020 年"全国向上向善好青年"名单，新疆维吾尔自治区和田地区和田县公安局党委委员、副局长阿卜杜艾尼·列提普等 149

---

❶ 载自《工人日报》，2020-04-29.

名优秀青年和北京协和医院国家援鄂抗疫医疗队等4个青年群体获此荣誉。当选人员来自全国31个省（区、市）和解放军、铁道、民航、中央和国家机关、金融、中央企业6个系统以及新疆生产建设兵团，涵盖医务工作者、科技工作者、创业者、教师、产业工人、部队官兵、公安干警、志愿者、大中学生等职业和领域，具有广泛的代表性，其中包括在新冠肺炎疫情防控工作中涌现出的优秀青年典型58名、群体3个。

共青团中央、全国青联号召全国各级共青团、青联要以深入学习贯彻新时代中国特色社会主义思想为统领，团结引领广大团员青年向模范学习，不忘初心、牢记使命，努力在为祖国奉献中茁壮成长、在艰苦奋斗中砥砺意志品质、在勤奋实践中增长工作本领，不断增强"四个意识"、坚定"四个自信"、做到"两个维护"，在实现"两个一百年"奋斗目标、实现中华民族伟大复兴中国梦的征程中不惧风雨、勇挑重担，让青春的绚丽之花为祖国和人民绽放。

第四章

创新精神与创新实践

当前我国发展的实际状况和客观形势发生了重大变化，党的十九大报告指出，"中国特色社会主义进入了新时代""全面建成小康社会，进而建成富强民主文明和谐的社会主义现代化国家，根本上靠劳动、靠劳动者创造"。高校大学生肩负着实现国家富强、民族复兴、人民幸福的时代重任，是社会主义建设的中坚力量，应当充分认识劳动观教育的重要性，深入了解劳动观教育的时代性，深刻掌握新时代青年劳动观的丰富内涵和创新实践。

学习目标

1. 知识目标

了解新时代劳动观的基本内容。

2. 素质目标

认识劳动观在新时代的创新实践。

课堂导入

案例：袁隆平等 6 人获聘"中国农民丰收节推广大使"

为进一步发动社会各界广泛参与中国农民丰收节，提升中国传统节日影响力、凝聚力、号召力，推进成风化俗，引导带动城乡同庆丰收、共迎小康，中国农民丰收节组织指导委员会正式设立"中国农民丰收节推广大使"，并从相关领域聘请了一批杰出代表，参与丰收节民俗、文化、科技、旅游等公益宣传活动，承担在各自领域的公益推广义务。"推广大使"需具有积极向上的公众形象，有较强的社会影响力和号召力，在各自领域取得突出成就。袁隆平、申纪兰、冯巩、海霞、冯骥才、李子柒等 6 人受聘担任首批"推广大使"。

思考：

（1）李子柒是谁？为什么她能担任中国农民丰收节推广大使？

（2）结合李子柒的劳动创新精神，谈谈你对创新实践的看法。

第一节　新时代青年劳动观与创新实践

党的十八大以来，青年和劳动的内在逻辑在多个场合中都被提及，逐渐形成了立意深刻、内涵丰富的新时代青年劳动观，成为新时代中国特色社会主义思想的重要组成部分。新时代青年劳动观包括劳动创新观、劳动平等观、劳动学习观、劳动奉献观四个方面的内容。

一、新时代青年劳动观的形成背景

恩格斯曾说过："每一个时代的理论思维，包括我们时代的理论思维，都是一种历史的产物，在不同的时代有不同的形式，因此具有不同的内容。"从唯物主义认识论角度出发，可以理解为任何观念的形成都能反映出其特定的时代背景，都是一定社会历史活动的结果❶。与历史上其他伟大思想理论体系相似，新时代青年劳动观也反映这一新思想产生的社会历史特征，同时新时代青年劳动观作为行动指南和方向引领的基础，彰显其不凡的历史贡献。

（一）国际形势

新时代国际形势的变化是新时代青年劳动观的重要现实基础。首先，在全球化背景下，劳动要素流动日益国际化。从日益成熟的国际合作分工来看，无论是作为"物化劳动"的劳动要素还是"活劳动"的劳动要素，都已打破地域限制，在全球范围内流动。一方面，跨国公司的出现标志着劳动生产正式走向国际化；另一方面，海淘、代购等带有互联网属性的贸易物流业务发展迅速，也进一步增强了劳动产品的国际流动性。其次，科技成为提高劳动生产率的重要力量。科技的进步改变了人们的劳动方式，人们因为科技的进步免除了繁重的体力劳动，同时提升了生产率。随着全自动、无人化生产等"新"劳动形式的出现，部分学者追随科技价值论的观点，开始从新的角度讨论、阐述马克思劳动价值论。这些现象的出现，为论述劳动问题提供了新的视角。最后，新时代青年日益追求高质量的劳动形式，深化了新时代劳动观的发展。

（二）国内形势

国内形势的变化是新时代青年劳动观最密切的现实依据。第一，中国社会主义建设现在进入高速发展时期，劳动者难免在适应过程中出现一些新问题，如结构性失业、享乐主义盛行等现象。第二，经济发展进入新常态，代表着我国经济已由高速增长阶段转向高质量增长阶段，正处在转变发展方式、优化经济结构、转换增长动力的攻关期。新时代急需劳动要素转型升级。第三，党的十九大报告中指出：我国社会主要矛盾已经转化为人民日益增长的美好生活需要和不平衡不充分的发展之间的矛盾。社会矛盾的改变必然导致新的劳动观念

---

❶ 马克思恩格斯选集（第3卷）.2版.[M].北京：人民出版社，1995：465.

出现。第四，实现中华民族的伟大复兴从根本上需要靠劳动、靠劳动者创造，更需要全民劳动。

二、新时代青年劳动观的基本内容

（一）新时代青年劳动创新观

创新是经济发展的动力，国家创新驱动发展战略正是体现创新发展理念的绝佳例子。在实施战略中，人才的发展是关键一环，要重视从劳动主体层面加强劳动创新，不断提高劳动者的素质，培养学习型、知识型、创新型的新时代职工。青年是社会上最富活力、最具创造性的群体，理应走在创新创造前列，争做新时代创新型青年劳动者。要把握创新特点，遵循创新规律，既奇思妙想、"无中生有"，努力追求原始创新，又兼收并蓄、博采众长，善于进行继承创新和引进消化吸收再创新。要有逢山开路、遇河架桥的意志，为了创新创造而百折不挠、勇往直前。要有探索真知、求真务实的态度，在立足本职的创新创造中不断积累经验、取得成果。

"蜜蜂建筑蜂房的本领使人间的许多建筑师感到惭愧。但是，最蹩脚的建筑师从一开始就比最灵巧的蜜蜂高明的地方，是他在用蜂蜡建筑蜂房之前，已经在自己的头脑中把它建成了。"马克思在《资本论》中借用蜜蜂筑巢的例子来说明劳动者在经过创造性劳动后能改造世界，并提出了"自由创造"的劳动观。而这种劳动观在新时代正体现为培养具有创新精神、创新思维和创新能力的劳动者，以主人翁的姿态，积极投身社会主义现代化建设，立足本职，争先创优，不断增强学习能力、劳动能力、创造能力，积极参与岗位练兵、技术比武等活动，争当"金牌工人""首席职工""创新能手"，努力成为"知识型、技术型、创新型职工"，为社会主义建设添砖加瓦❶。

（二）新时代青年劳动平等观

劳动是人类生存和发展的基础，在建设富强民主文明和谐美丽的社会主义现代化强国的过程中，从根本上还是得靠劳动者创造。李大钊认为，人生求乐的方法没有比尊重劳动更好的方法。乐境通过劳动能创造，苦境通过劳

---

❶ 武玉芳，齐敏.关于树立社会主义和谐劳动观的研究——基于倡导"勤奋劳动、诚实劳动、创新劳动"的视角 [J].工会论坛（山东省工会管理干部学院学报），2013，19（4）：1-8.

动也能解脱。总结古今中外、前人贤者的真知灼见：尊重劳动应该成为社会价值主流。

全社会都要以辛勤劳动为荣、以好逸恶劳为耻，任何时候任何人都不能看不起普通劳动者，都不能贪图不劳而获的生活。人类是劳动创造的，社会也是劳动创造的。劳动没有高低贵贱之分，任何一份职业都很光荣。新时代青年劳动平等观倡议广大青年应该尊重劳动、尊重劳动者，论述了职业平等观的重要性，无论从事什么职业都要用自己努力的汗水浇灌出甜美的果实。

（三）新时代青年劳动学习观

劳动和知识是相辅相成的。知识可以从刻苦劳动中得来，任何成就都是刻苦劳动的结果。党的十九大报告中也指出：要建设知识型、技能型、学习型劳动者大军，弘扬劳模精神和工匠精神，营造劳动光荣的社会风尚和精益求精的敬业风气。广大青年要自觉加强学习，不断增强本领。人生的黄金时期在青年时期。一个人青年时期学识基础厚实不厚实，会影响甚至决定其一生。广大青年要如饥似渴、孜孜不倦地学习，既要多读有字之书，也多读无字之书，注重学习人生经验和社会知识。所有知识要转化为能力，都必须躬身实践。要坚持知行合一，注重在实践中学真知、悟真谛，加强磨炼、增长本领。提醒广大青年学子不要纸上谈兵，要在实践中检验真理、领悟知识，并落实到实际行动上。

（四）新时代青年劳动奉献观

社会主义制度的建立给我们开辟了一条到达理想境界的道路，而理想境界的实现还要靠劳动者的辛勤劳动。广大青年是未来的接班人，更需要自觉践行爱岗敬业、甘于奉献的劳模精神。在建设现代化强国的征程中，更需要广大青年的劳动技能和素质与时代的发展共同进步。广大青年要自觉奉献青春，为全面建成小康社会多作贡献。青年时光非常可贵，要用来干事创业、辛勤耕耘，为将来留下珍贵的回忆。广大农村青年要在发展现代农业、建设社会主义新农村中展现现代农民的新形象，广大企业青年要在积极参与生产劳动、产品研发、管理创新中创造更多财富，广大科研单位青年要在深入钻研学问、主动攻克难题中多出创新成果，广大机关事业单位青年要在提高为社会、为农民服务水平中建功立业。

三、劳动观念在新时代的创新实践

新时代青年劳动观具有伟大的时代价值,在实际工作中践行新时代青年劳动观可以发挥指导实践、引领未来的作用。西安电子科技大学宋宝萍教授认为高校在践行新时代青年劳动观时需要结合大学生创新创业教育,做到以下几点:①融入创新素质培养,塑造大学生创新创业心理品质;②新时代劳动观融入课程培养体系,引导大学生树立正确的择业观和创业观;③新时代劳动观融入创新创业环境,营造大学生良好创业氛围;④新时代劳动观融入创新创业实践,推动大学生在创业实践中得到检验。❶

大学生是建设中国特色社会主义、实现中华民族伟大复兴中最具活力的一支队伍,是创新驱动发展的生力军和突击队。大学应以系统化构建创新创业教育课程,实现创新创业教育融入专业课程体系、融入实践能力培养、融入服务地方发展的"三融合"模式为引领,以"互联网+""创青春""挑战杯"等创新创业大赛为抓手,对优秀项目进行"催熟",促进落地孵化。将大学生创新创业与地方经济发展需求相结合,拓展创新创业资源,构建创新创业平台,推动企业深度参与学校创新创业教育全过程,实现与地方服务发展相融合。以专业群、产业学院为基础,以地方产业关联的项目为载体,把大学生创新设计过程与地方发展需求相结合。

【实践活动】

假设你是一个创业者,老师作为天使投资人手中有 100 万元资金,请你拟一份简单的创业计划书,并在课堂上公开展示,以争取获得天使投资人的青睐。

【过程记录】

主题:

设计要点:

实施难点及解决方案:

心得体会:

---

❶ 宋宝萍,刘慧.劳动精神融入大学生创新创业教育的实践路径研究 [J].黑河学刊,2020 (2):126-128.

【结果评价】

通过小组内部展示，各成员参照表1对自己劳动实践活动的情况进行评价。

表1　劳动实践活动评价表

评价标准	分值	小组评价	教师评价
参与活动积极性			
方案清晰明确			
出色完成任务			
有创新点			
发挥了自己的优势			

第二节　激发主体劳动创新精神

一、劳动创新精神的现实意义

在 2011 年，人民日报发表了"五一"社论《勤奋劳动、诚实劳动、创新劳动》，讲道："在我国内外环境、增长机制发生重大变化的条件下，以创新劳动加快转变经济发展方式、建设创新型国家。这是时代赋予中国工人阶级的崇高使命，具有光荣传统的中国工人阶级一定能够与时俱进、锐意进取，更好地发挥改革主力、发展动力、稳定基石的作用。"由此，创新劳动引起社会各界的广泛讨论。西南财经大学刘诗白教授就科技创新劳动价值的问题进行了深入剖析，并认为科技创新劳动是以拥有科学知识高积累和高创造性能力的科技人才来进行的生产劳动，是高度社会化的劳动。❶ 社会学家赵培兴在论述创新劳动的价值时，提升到了知识性创新劳动理论的高度，同时引申出知识经济形态的充分发展必将导致社会主义代替资本主义或资本主义发展为社会主义。这也从侧面说明了劳动观念的核心要素正在改变。新时

---

❶ 刘诗白.论科技创新劳动［J］.经济学家，2001（3）：4-14.

代的劳动观念已经从传统的"出大力，流大汗""苦干加实干"，向"知识型、技术型、创新型"，并能为国家创造"社会效益、经济效益"方向转变。这与当前国家向工业现代化、向世界开放的转变路径是一致的❶。总的来说，这种以知识、技术、思维革新为前提的创造性劳动极大程度地推动了国家的发展。因此，党的十九大报告中提出要弘扬劳模精神和工匠精神，同时，在致全国个体劳动者大会上还倡议弘扬企业家精神。不仅每年召开"庆祝'五一'国际劳动节"暨全国五一劳动奖表彰大会，全国各地工会组织还组织劳动竞赛，且企业普遍建立技能人才（劳模）创新工作室，这一切都是对创新劳动价值的尊重，也是对创新劳动的弘扬。

其中，与劳动创新精神最为密切的就是工匠精神和企业家精神。工匠精神首次出现在国家层面上的文件是《2016年政府工作报告》，其内涵是一种职业精神和一份专注，以细心、耐心、创新来追求成品的卓越。"失之毫厘，差之千里"以及"精益求精"就是工匠精神的重要体现，如倪志福闻名遐迩的"三尖七刃麻花钻"，"张百发青年突击队"的一专多能"多面手"快速施工经验等❷。值得注意的是，工匠精神不是简单地模仿生产，而是凝聚着匠人独特的心思。也就是说，工匠精神要求工匠在传统工艺的基础上发展创造新工艺、新技术，是一种传承，也是一种创新，很好地融合了中华民族传统文化，在当今浮躁的社会更加凸显其坚定气质与坚守。《2016年政府工作报告》提出，要鼓励企业开展个性化定制、柔性化生产，培育精益求精的工匠精神，增品种、提品质、创品牌。新时代的劳动创新精神就是要继承和弘扬工匠身上体现出来的这种创新精神，生产出更多精美、卓越的产品。"创新理论"鼻祖约瑟夫·熊彼特在其著作《经济发展理论》中认为资本主义"灵魂"的企业家的职能是实现创新，而企业家精神包括建立私人王国、对胜利的热情、创造的喜悦、坚强的意志等内容。市场活力来自人，特别是来自企业家以及企业家精神。在企业家精神的作用下，市场逐渐实现多元化，对于发展社会主义市场经济作用深远。可见，企业家精神是劳动创新精神最直接的体现。

目前国际竞争，尤其是高新技术领域竞争日益激烈，而高素质劳动者将成为推动经济社会发展的重要动力，国家之间的竞争最终表现为人才竞争。"劳动者

---

❶ 胡念飞.不应失落的劳模精神［N］.南方日报，2011-05-20（A15）.
❷ 艾君.时代需要创新劳动［J］.工会博览，2011（5）：1.

的知识和才能积累得越多，创造能力就越大。面对日趋激烈的国际竞争，一个国家发展能否抢占先机、赢得主动，越来越取决于国民素质特别是广大劳动者素质。"目前，我国进入经济发展新常态，对国民的整体素质以及劳动者的技能水平等有了更高的要求。而青年群体作为我国劳动力人口的重要组成部分，开展劳动创新精神的教育将有利于青年劳动情感的升华和劳动技能的提高，避免出现结构性失业等现象，在一定程度上将有助于社会和谐稳定。

二、如何激发主体劳动创新精神

劳动教育与社会实践是青少年必不可少的课程，事关青少年的德智体美劳发展，还关乎党的教育方针、社会主义的伟大前程。实践出真知，劳动教育和社会实践是促进青少年将课本上的知识、技能转化为主体劳动精神、养成劳动习惯的重要方式，而激发学生主体劳动精神仍需要结合劳动教育和社会实践。根据素质教育的层次，培养路径可以分为以下几点。

（1）建立多层次组织阵地，引领学生投身劳动教育活动

形成"宿舍劳动小分队—班级劳动团队—学院劳动组织"的多层次组织阵地。完善各级组织结构并建立长效保障机制，包括劳动教育组织机制、劳动教育激励机制，让劳动者个体在劳动教育组织中发挥作用，形成"个人—宿舍""个人—班级""个人—学院"的优良"涟漪效应"，发挥组织优势，实现劳动教育资源共享。宿舍小分队开展"一屋不扫何以扫天下"清洁活动；班级团队利用班会、主题团日活动开展劳动；学院层面成立院级青年劳动组织，根据学院特色，结合专业特长，开展劳动教育。如图4-1所示，通过宿舍、班级、学院三个组织组成实践矩阵，层层递进激发学生的劳动创新精神。

（2）优化多元化师资队伍，增强劳动教育实效性

组建"家庭启蒙师—校内班导师—校外讲师"三个层级、专兼结合、内外互补的师资队伍。加强与学生家长的沟通联系，促进家校协同开展劳动教育，充分利用校内班导师（班主任、辅导员、社团指导老师等）、社会讲师（志愿服务组织、公益组织讲师等）、劳动教育领域研究专家等师资力量，开展劳动教育理论授课、分享交流会。如图4-2所示，家庭启蒙师、校内班导师、校外讲师形成一个闭环，通过讲授、案例分析、专题研讨等方式，端正大学生劳动观念，强化劳动意识，提升劳动素养。

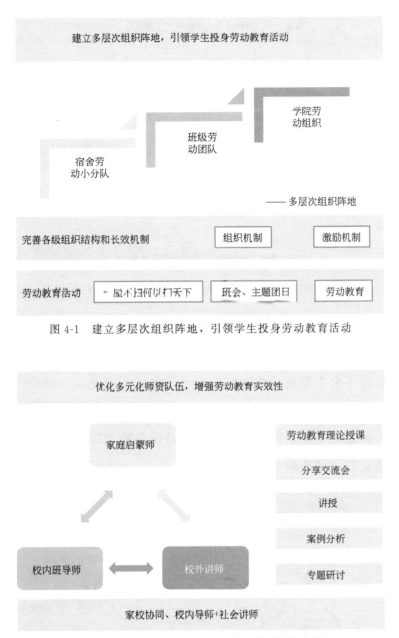

图 4-1　建立多层次组织阵地，引领学生投身劳动教育活动

图 4-2　优化多元化师资队伍，增强劳动教育实效性

（3）健全多样性课程体系，提高学生劳动能力

健全"理论课程—技能培训—项目实践"个性化、多样性、多层次的课程体系。如图 4-3 所示，开设劳动教育理论课程与讲座，开展劳动技能培训，实施劳动项目实践，培养学生的劳动精神，营造尊重劳动的文化氛围，引导学生在劳动精神的熏陶下积极参与劳动。

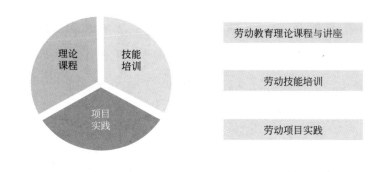

图 4-3　健全多样性课程体系，提高学生劳动能力

（4）搭建多层级实践平台，拓展劳动教育资源

搭建"学院劳动平台—学校劳动平台—社会劳动平台"多级平台。如图 4-4 所示，学院劳动平台主要依托学院实验室、宿舍区、沙龙区、宣传栏等建设；学校劳动平台主要依托图书馆、饭堂、操场、教学楼等公共场所建设；社会劳动平台可以依托校区附近街道、广场、老人院、特殊学校建设。通过不同层级的实践平台，丰富学生的劳动体验。

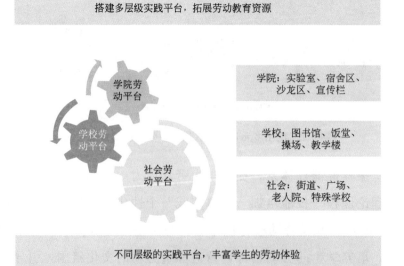

图 4-4　搭建多层级实践平台，拓展劳动教育资源

（5）培育多类型品牌活动，打造劳动教育精品项目

一方面是开展项目孵化，依托大学生劳动者群体优势，由劳动教育导师指导劳动骨干团队，对大学生周边生活、周边社区以及特殊群体的劳动项目进行针对性调研，探索劳动教育新形式，开拓劳动教育品牌项目。另一方面是优化已孵化的项目，例如广东工业大学经贸学院"一米阳光"服务项目、管理学院特殊儿童学校服务项目、计算机学院"情暖万春"医疗云平台项目等，通过不断调整使之适应在劳动教育过程中出现的问题，促进服务项目蓬勃发展，如图 4-5 所示。

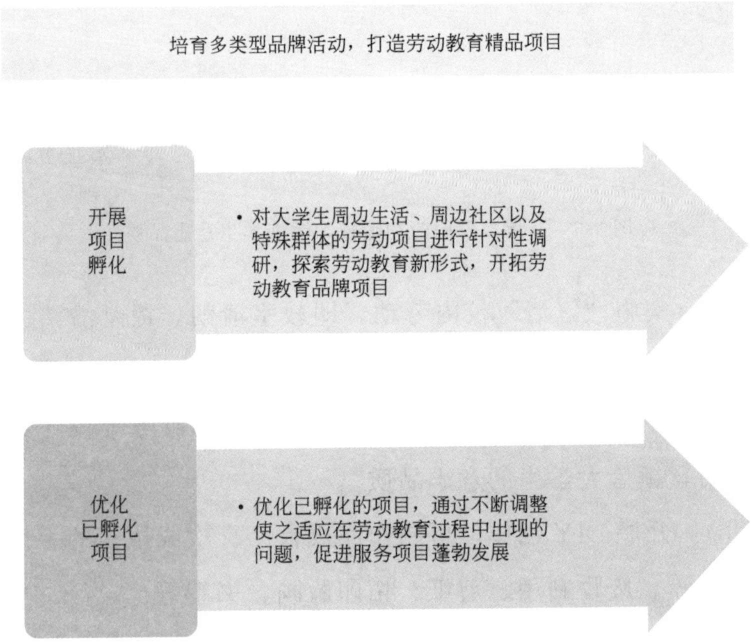

培育多类型品牌活动，打造劳动教育精品项目

开展
项目
孵化
· 对大学生周边生活、周边社区以及特殊群体的劳动项目进行针对性调研，探索劳动教育新形式，开拓劳动教育品牌项目

优化
已孵化
项目
· 优化已孵化的项目，通过不断调整使之适应在劳动教育过程中出现的问题，促进服务项目蓬勃发展

图 4-5　培育多类型品牌活动，打造劳动教育精品项目

（6）开展多阶段劳动锻炼，锤炼学生意志品质

打造"家庭劳动—校内劳动—社会劳动"多阶段劳动锻炼链条。如图 4-6 所示，开展家庭劳动"五个一"：陪家人买一次菜、为家人做一次饭、为厨房做一次清洁、为家人整理一次卧室、为家人拖一次地。实施"三清"校内劳动，即教室清朗、饭堂清洁、厕所清新等校园美化活动。开展街道清理、电器义修、大型活动服务等校外劳动，锻炼大学生的劳动能力，锤炼大学生的意志品质。

【实践活动】

实践活动 1：开展家庭劳动"五个一"：陪家人买一次菜、为家人做一次饭、为厨房做一次清洁、为家人整理一次卧室、为家人拖一次地。

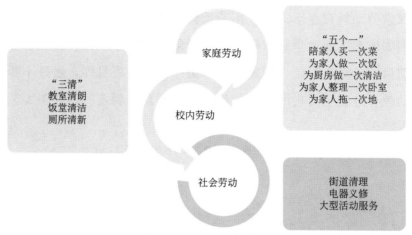

图 4-6　开展多阶段劳动锻炼，锤炼学生意志品质

实践活动 2：实施"三清"校内劳动，即教室清朗、饭堂清洁、厕所清新等校园美化活动。

实践活动 3：开展街道清理、电器义修、大型活动服务等校外劳动，锻炼大学生的劳动能力，锤炼大学生的意志品质。

实践活动 4：开展 DIY 创作，可制作完成自己喜欢或擅长的手作，如铅笔刨花贴画、DIY 纸盘、废物利用、剪纸、拓印版画、书签等。

实践活动 5：开展 STEM 创客活动，如纸飞机、易拉罐变废为宝、制作风铃、树叶贴画、插花、水仙花雕刻、3D 盘龙、3D 笔筒、热熔胶杯、变色马克笔等。

【过程记录】

主题：

设计要点：

实施难点及解决方案：

心得体会：

【结果评价】

通过小组内部展示，各成员参照表 2 对自己劳动实践活动的情况进行评价。

表 2　劳动实践活动评价表

评价标准	分值	小组评价	教师评价
参与活动积极性			
方案清晰明确			
出色完成任务			
有创新点			
发挥了自己的优势			

实践篇

第五章

生活技能

◀◀◀

　　大学生活既是集体生活，又是独立生活，大学生要树立正确的生活观念，并掌握必要的生活技能。

学习目标

1. 知识目标

① 熟悉文明寝室的建设要求和特色寝室的建设标准。

② 明白维护校园环境的意义，掌握维护校园环境秩序的方法。

③ 掌握垃圾分类的标准、原则和投放要点。

④ 掌握花草种植、手工制作、物品整理的相关技巧。

2. 素质目标

① 在校园生活中做一个寝室美化的时尚者、公共区域环境的维护者、垃圾分类的倡导者。

② 从我做起，从小事做起，养成爱劳动的习惯。

课堂导入

部分大学生自理能力差，到底是谁的责任？

金秋九月，是高校开学的季节，大学生在踏入校园开启多彩校园生活的同时，也意味着要开始独立的生活，因此需要具备一定的自理能力。然而，部分大学生无法打理好自己的生活起居，使解决最基本的生活问题成为大学生最大的困扰。

西安某大学新生小宁住校期间因突然流鼻血，在自己不会处理的情况下深夜致电向母亲求救。

沈阳一名准大学生以优异的成绩被重庆某大学录取，却因生活自理能力差、没信心独立生活而不得不在开学前夕放弃了读大学的机会，选择次年复读考取本省高校。

一名来自辽宁的大学新生开学前因不会洗袜子而陷入焦虑，并因此在报到时带了上百双袜子，塞满了大大小小的行李箱。

由于快递业务的便捷性，眼下不少高校学生把积攒的脏衣服寄洗，再通过快递寄回来，这也成了邮政的一种新业务。

思考：

（1）哪些因素导致了部分大学生自理能力差？

（2）你认为大学生应该具备哪些基本的生活技能？

第一节 卫生劳动

一、寝室卫生

寝室是同学们学习、生活、休息的重要场所，寝室文明环境建设直接体现了学生的精神面貌和个人素质，直接关系到大家的身体健康。

（一）文明寝室建设要求

同学们应将维护整洁文明寝室环境内化为自觉追求，外化为自觉行动，具体如下。

（1）文明寝室总体应达到"三有""三齐""六净""五无"的目标。

三有：有室长、有值日安排、有寝室公约；

三齐：室内物品摆放齐、床褥衣服叠放齐、个人物品存放齐；

六净：地面净、玻璃净、桌椅净、墙壁净、被品净、洗漱用品净；

五无：无违禁电器、无宠物、无垃圾、无异味、无杂物。

（2）每天应自觉做到"六个一"、自觉遵守"六个不"，维护寝室良好生活环境。

"六个一"：叠一叠被子、扫一扫地面、擦一擦台面、整一整柜子、理一理书架、倒一倒垃圾。

"六个不"：异性宿舍不进出，外人来访不留宿，危险物品不能留，违规电器不使用，公共设施不损坏，果皮、纸屑不乱扔。

（3）应杜绝不文明行为，不在宿舍养宠物、不在宿舍楼内抽烟、不在门口丢放垃圾、不乱用公共电吹风等。

【探究与分享】

你对寝室文明建设有什么好的提议？

（二）特色寝室建设标准

特色寝室宣扬的是一种文化，一种相互影响、彼此照应、和谐共进的良好氛围，对同学们文化修养、综合素质等各方面的提高有着很大的促进作用。

特色寝室的建设，要以"三比"（比理想、比学习、比奉献）为核心，以"四互"（互帮、互助、互管、互爱）为主要形式，以"五要求"（安全、干净、整洁、文明、团结）为目标，考虑寝室大部分人的特性、喜好、价值观等，然后以此为方向营造出别具一格的"特色"文化。如果寝室大多数人都喜欢学习，便可以考虑建设学习型寝室；如果寝室大多数人都喜欢运动，便可以考虑建设运动型寝室；如果寝室大多数人都对环保有一定兴趣，便可以考虑建设环保型寝室。与此类似的，还有创业型寝室、自强型寝室、友爱型寝室、音乐型寝室等。

在建设特色寝室时，可参考以下标准。

（1）全体寝室成员共同参与特色寝室建设，共同商议并确定特色寝室建设方向。

（2）在干净整洁的基础上，按照主题特色布置寝室。呈现出的效果符合指定特色，简单、大方、美观，别具匠心、新颖独特，让人眼前一亮。

（3）寝室布置含有若干个小设计，以彰显个性，传递寝室文化。

（4）有与寝室文化对应的"行为习惯养成计划""寝室团建活动安排"等。

【探究与分享】

你心目中别具一格的特色寝室是什么样的？

（三）寝室美化设计与创意

1. 美化原则

（1）简单、大方：寝室一般不大，没有必要摆放过多物品进行装饰，否则会显得太杂。

（2）温馨、舒适：寝室是放松休憩的地方，在美化时要考虑烘托一种温馨、舒适的氛围，让室内充满家的温暖气息。

（3）突出文化气息：寝室还是学习的场所，在美化时，要从色彩、风格上考虑这个因素，营造一个安静、适宜学习的空间。

2. 寝室美化小窍门

（1）衣柜整理

宿舍里的衣柜很多都是直筒式的，几乎没有隔断，在放置衣物时往往会浪费很多空间。使用隔板能够将衣柜划分成合适大小的区域，充分规整收纳空间。此外，还可以购买一些多层收纳挂筐，这样就能够将各种物品分类收纳，使所有物品一目了然。如果宿舍的衣柜里没有挂衣杆，可以用"伸缩棒"代替。

（2）桌面美化

下课看到乱槽槽的桌面，会非常影响心情。如何才能让桌子拥有更多收纳空间呢？①网格板收纳：网格板是一种轻便又实用的收纳工具，而且购买成本非常低。将网格板放置在桌面旁边的墙上，不仅能够将桌面上的小物品收纳起来，同时也是一种很好的装饰品。②桌下挂篮：桌下挂篮能创造隐形的收纳空间，可放置的物品非常多样。

（3）床边装饰

床边挂篮和床边挂袋是寝室非常实用的收纳和装饰工具，既能够放水杯、纸巾，还能放一些书，可以避免爬上爬下来回拿东西，同时也可以保证床铺的整洁。

【探究与分享】

关于美化寝室，你还有什么创意？

二、校园卫生

（一）校园环境

校园环境包括物质环境和精神环境。

1. 物质环境

校园物质环境主要是指校园内经过人们组织、改造而形成的校容校貌和校园学习环境，具体包括校容、校貌、自然物、建筑物及各种设施等。这种物质环境自然也是一种文化，它体现了"桃李不言"的特点，能使学生不知不觉、自然而然地受此熏陶、暗示、感染。

干净、整洁的校园物质环境能更好地体现学校各种物质的个性和精神，加深这种"无声胜有声"的教育作用。

2. 精神环境

校园精神环境是校园的灵魂，是学校师生认同的价值观和个性的反映，是一种潜在的教育力，具体体现在师生的精神面貌、校风、学风、校园精神、学校形象等方面。从学生个体角度看，精神环境又是心理环境。良好的心理环境会使人的精神愉快，具有催人奋发向上、积极进取、开拓创新的作用。

（二）维护校园环境秩序

为维护良好的校园秩序，营造一个文明、整洁、健康、高雅的校园环境，建设平安校园、和谐校园，根据《高等学校校园秩序管理若干规定》（中华人民共和国国家教育委员会令第 13 号），特制定以下校园文明行为规范：

（1）着装整洁得体，仪容端庄。

（2）行为举止高雅，谈吐文明。

（3）爱护学校花草树木，节约用水。

（4）乘坐电梯遵守秩序，先下后上，相互礼让。

（5）遵守学校环境卫生的有关规定，保持学校环境卫生，不随地吐痰、不乱扔杂物。

（6）文明如厕，保持卫生间清洁，爱护其设施。

（7）上课时遵守课堂纪律，候课时不得在楼道内大声喧哗。

（8）爱护教室设施，合理使用教学设备，保持干净整洁的教学环境。

（9）汽车、电动车、自行车停车入位，摆放有序。

（10）严禁在教学楼内的教室、办公室、楼道楼梯、卫生间及公共场所吸烟。

（11）观看教学展演展示、视听公共课讲座、参加会议等活动时，主动服从现场管理，遵守秩序，爱护礼堂、会议室等设施。

（12）进行教学和汇报演出活动时，要合理使用场地及设施设备，降低环境噪声分贝，防止影响学校周围单位和居民正常工作和生活。

（13）自觉遵守学校的各项规章制度，尊师爱生、团结和睦、教学相长，共同营造绿色健康的学习氛围和积极向上的工作环境。

（14）参加学校在本市组织的和赴外省、市的教学汇报演出、比赛、教学活动时，要做到：保障安全、遵守纪律；尊重当地风俗习惯、文化传统；爱护文物古迹、风景名胜、旅游设施。

（15）如遇突发事件，师生员工应当服从学校统一指挥，配合应急处置。

（16）师生员工应当遵守网络信息管理的法律法规和有关规定，维护微信群安全和秩序，自觉抵制不良信息，不传播网络谣言。

（17）充分利用校报、LED屏和宣传栏等媒介，宣传文明行为，传播文明理念，营造全校促进文明行为的氛围。

（18）在开展校园精神文明建设中，学校应对在文明行为促进工作中作出特殊贡献的师生员工，给予表彰和奖励；对在校内发生的各种不文明行为，学校应进行批评、劝告，对情节严重的给予严肃处理。

第二节　垃圾分类

垃圾是城市发展的附属物，城市和人的运转，每年产生上亿吨的垃圾。今天，垃圾围城成为困扰全球大城市的难题，高速发展中的中国城市，也正在遭调"垃圾围城"之痛。要解决垃圾围城问题，离不开垃圾分类。

一、垃圾分类新时尚

"实行垃圾分类，关系广大人民群众生活环境，关系节约使用资源，也是社会文明水平的一个重要体现。"垃圾分类是新时尚。全民参与垃圾分类，具有以下几个方面的意义。

（一）减少环境污染

我国现有的垃圾处理方式包括填埋和焚烧。填埋垃圾时，即使远离生活场所，并采用相应的隔离技术，也难以杜绝有害物质的渗透，这些有害物质会随着地球物质循环而进入整个生态圈中，污染水源和土地，通过植物或动物最终影响人们的身体健康。另外，垃圾焚烧也会产生大量危害人体健康的有毒气体和灰尘。

其实，有很大一部分垃圾是不需要填埋，也不需要焚烧的。如果我们能够做好垃圾分类，就能减少垃圾的填埋和焚烧，从而减少环境污染。

（二）节省土地资源

填埋和堆放等垃圾处理方式不仅占用土地资源，且垃圾填埋场属于不可复场所，即填埋场不能够重新作为生活小区。此外，生活垃圾中有些物质不易降解，会使土地受到严重侵蚀。

据统计，垃圾分类可以使人均生活垃圾产生量减少三分之二，从而节省大量土地资源。

（三）促进资源的循环利用

垃圾的产生源于人们没有利用好资源，将自己不用的资源当成垃圾丢弃，这种废弃资源的方式对于整个生态系统的损失都是不可估计的。在处理垃圾之前，通过垃圾分类回收，就可以将垃圾变废为宝，如回收纸张能够保护森林，减少森林资源的浪费；如回收果皮蔬菜等生物垃圾，可以作为绿色肥料，让土地更加肥沃。

此外，垃圾分类有利于改善垃圾品质，使焚烧（或填埋）得以更好地进行无害化处理。以垃圾焚烧为例，分类能助力焚烧处理做得更好，可起到减量（减少垃圾处理量）、减排（减少污染排放量）、提质（改善燃烧工况）、提效（提高发电效率）等作用。

（四）提高民众价值观念

垃圾分类是处理垃圾公害的最佳解决方法和最佳出路，进行垃圾分类已经成为一个国家发展的必然路径。垃圾分类能够使得民众学会节约资源、利用资源，养成良好的生活习惯，提高个人的素质修养。一个人如果养成良好的垃圾分类习惯，那么他就会关注环境保护问题，在生活中注意资源的珍贵性，养成节约资源的习惯。

拓展阅读

上海市垃圾分类，新风尚变成好习惯

垃圾分类已成为上海市民日常生活的一部分。作为全国率先将垃圾分类纳入法治框架的城市，上海以"绣花精神"不断提升精细化管理水平，全力以赴做好生活垃圾全程分类这件事，新风尚变成好习惯，上海志坚行远。

2019年7月1日，数易其稿、曾三次递交上海市人大常委会审议的《上海市生活垃圾管理条例》（以下简称《条例》）开始施行，上海在全国率先将垃圾分类纳入法治框架，并从此步入垃圾分类强制时代。

实际上，在此之前，上海早已开始了新一轮生活垃圾分类的顶层设计。

2018年，上海发布生活垃圾全程分类体系建设三年行动计划，一系列配套文件也先后发布。市、区、街镇各级政府，居委基层干部，志愿者，第三方社会组织等社会各方纷纷行动起来。

也是在这一年，上海市人大将《条例》纳入立法项目。2019年1月31日，上海市十五届人大二次会议表决通过《条例》。之后，配套文件制定、垃圾厢房改造、社会动员、分类知识宣传普及……"垃圾分类新时尚"迅速席卷全城，一些好的经验、做法得到复制推广。

以前扔垃圾不分类，如今居民们在家里就会将干、湿垃圾分开，然后再分类投放到垃圾厢房。在小区内，大部分垃圾桶都被撤走了，到处都干干净净，生活很舒适。

来自上海市绿化和市容局的统计数据显示，2019年，全市1.3万余个居住区（村）的分类达标率由15%提高到90%；全市135个街镇成功创建为"示范街镇"。此外，可回收物回收量4049吨/日、环比增长431.8%，有害垃圾分出量0.6吨/日、环比增长504.1%，湿垃圾分出量7453吨/日、环比增长88.8%，干垃圾处置量17731吨/日、环比下降17.5%。

这些成绩的背后，离不开执法保障。自《条例》实施起，全市城管执法系统就聚焦"分类投放、分类收集、分类运输、分类处置"四个环节，深入开展生活垃圾分类执法行动，为促进生活垃圾源头减量和资源循环利用提供有力的执法保障。

统计数据显示，2019年7月至2020年4月，全市共出动城管执法人员27.1万人次，开展执法检查12.3万次，共教育劝阻相对人49945起，责令当事人整改30013起，其中责令单位整改22521起，责令个人整改7492起，查处7662起案件。

实际上，在《条例》正式实施前，垃圾分类就已成为上海的热门话题。几乎在每一个社区、写字楼、学校、企业等场合，人们学习垃圾分类知识的热情都日益高涨，分类习惯正在快速养成。

从不理解、不习惯到主动学习、认真分类，上海的绝大多数市民如今都养成了自觉主动将垃圾分类投放的好习惯。

即使在疫情防控期间，在志愿者队伍撤离的情况下，有三分之二的居住区仍能保持优秀的自觉分类投放水平，另外三分之一的居住区则保持良好，展现出上海市民的良好素养。

不可否认的是，好习惯的养成只是第一步，更重要的是坚持。我们坚信，只要坚持不放松，垃圾分类就会在潜移默化的氛围中，成为每个人的行为习惯，最后不再需要依靠外力推行，真正做到"推广开来、坚持下去"。

二、垃圾分类标准

2019 年 11 月 15 日，新版《生活垃圾分类标志》标准发布，同年 12 月 1 日起正式实施。与 2008 版标准相比，新标准将生活垃圾类别调整为可回收物、有害垃圾、厨余垃圾和其他垃圾四大类，其对应标志如图 5-1 所示。

 可回收物
Recyclable

适宜回收利用的生活垃圾

有害垃圾
Hazardous Waste

《国家危险废物名录》中的家庭源危险废物

 厨余垃圾
Food Waste

易腐烂的、含有机质的生活垃圾

 其他垃圾
Residual Waste

除可回收物、有害垃圾、厨余垃圾外的生活垃圾

图 5-1　四大类生活垃圾标志

新版《生活垃圾分类标志》分别由四大类标志和 11 个小类标志组成，具体如表 5-1 所示。

表 5-1　标志的类别构成

大类	小类
可回收物	纸类
	塑料
	金属
	玻璃
	织物
有害垃圾	灯管
	家用化学品
	电池
厨余垃圾 （也可称为"湿垃圾"）	家庭厨余垃圾
	餐厨垃圾
	其他厨余垃圾
其他垃圾（也可称为"干垃圾"）	—
除上述四大类外，家具、家用电器等大件垃圾和装修垃圾应单独分类	

分类后的垃圾去哪了？

可回收物

可回收物通过"直接卖给废品回收企业""投放到设置在居住区公共区域可回收物收集容器中""投放到两网融合服务站点"这三种方式进入废品回收系统，然后经再生资源回收服务点、站、场收集后，通过市场化渠道运往各类再生资源工厂再生利用，变废为宝，如图 5-2 所示。

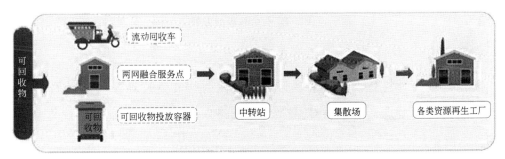

图 5-2　可回收物的去处

有害垃圾

有害垃圾被投放到有害垃圾收集容器中后，会由专用的收集车运送到暂存点，随后由环卫专用有害垃圾车辆运输至中转站进行分拣和存储，最后进入各类危废处理企业进行无害化处理，如图 5-3 所示。

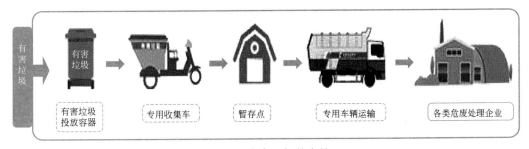

图 5-3　有害垃圾的去处

厨余垃圾

厨余垃圾（投放厨余垃圾时记得要去除包装袋）被投放到设置在居住区公共区域"厨余垃圾"收集容器中后，会由小区物业保洁员短驳至垃圾厢房，再由环卫工人通过厨余垃圾专用收集车辆收运至厨余垃圾资源化利用厂，实现日产日清，如图5-4所示。郊区主要通过"就地就近、一镇一站"的厨余垃圾处理设施和分散设备进行资源化处理。

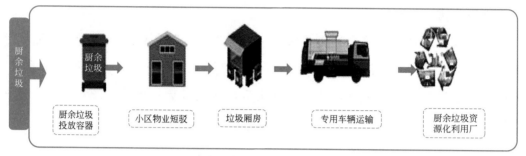

图5-4　厨余垃圾的去处

其他垃圾

其他垃圾被投放到设置在居住区公共区域的"其他垃圾"收集容器中后，经分类短驳到垃圾厢房，随后由环卫"其他垃圾"专用车辆运输，实现定期清运，如图5-5所示。

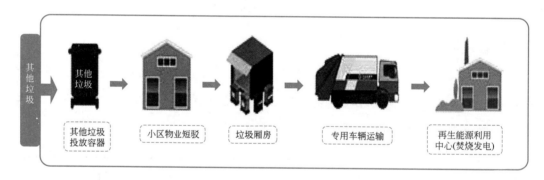

图5-5　其他垃圾的去处

三、垃圾分类操作

（一）分类原则

进行垃圾分类，关键要掌握分类原则：可回收物记材质，玻、金、塑、纸、衣；有害垃圾非常少，主要是废电池、废灯管、废药品、废油漆及其容器；厨余垃圾看是不是很容易腐烂、很容易粉碎；其他的就都是其他垃圾了。当发现有不能准确判断类别的垃圾时，也可以把它归到其他垃圾中。

（二）投放要点

1. 可回收物（图 5-6）

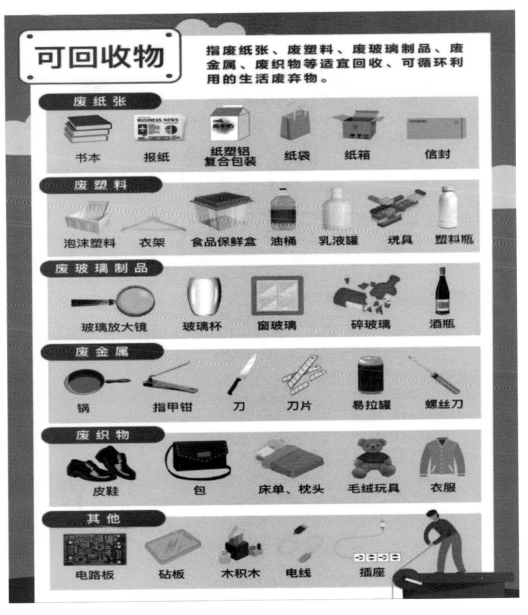

图 5-6　可回收物

投放要求：

应尽量保持清洁干燥，避免污染；

立体包装物应清空内容物，清洁后压扁投放；

易破损或有尖锐边角的应包裹后投放。

2. 有害垃圾（图 5-7）

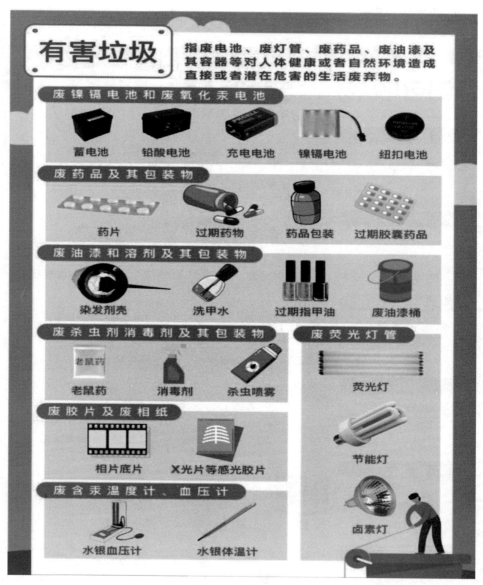

图 5-7　有害垃圾

投放要求：

投放时应注意轻放；

易破碎的及废弃药品应连带包装或包裹投放；

压力罐装容器应排空内容物后投放。

另外，公共场所产生有害垃圾且未发现对应收集容器时，应携带至有害垃圾投放点妥善投放。

3. 厨余垃圾（图 5-8）

图 5-8　厨余垃圾

投放要求：

厨余垃圾应从产生时就与其他类型垃圾分开收集；

投放前尽量沥干水分，有外包装的应去除外包装后投放。

另外，公共场所产生厨余垃圾且未发现对应收集容器时，应携带至厨余垃圾投放点妥善投放。

4. 其他垃圾（图 5-9）

图 5-9　其他垃圾

投放要求：投入干垃圾收集容器，并保持周边环境整洁。

【探究与分享】

学习借鉴国外垃圾的分类处理方法，对我国实行垃圾分类提出建议。

第三节　花草种植

在快节奏的现代生活中，人们更需要一些清新、自然的感受。在家里种植花草，有助于人们调节精神压力、陶冶情操。受低碳经济的影响，人们对绿色的向往越来越强烈。

一、花草种植场景

（一）客厅

客厅适合摆放一些能净化空气的植物，或者一些寓意吉利的植物。

1. 适宜

金桔：金桔黄澄澄的，寓意招财进宝，对净化空气也有一定的作用。

养护方法：春季需每天向叶面喷水一次，夏季需每天喷水2～3次，并向地面喷水，施足肥。

龟背竹：龟背竹在欧美、日本常为盆栽以供观赏，点缀客室和窗台，较为普遍。

养护方法：日常浇水每天一次；夏季早晚各一次，天气干燥时向叶面喷水和向周围环境洒水；冬季3～4天浇一次水，每隔7～10天用与室温接近的清水喷叶面一次。

绿萝：绿萝可以吸收空气中的有害物质，尤其是甲醛，搬进新家可以放一盆绿萝。

养护方法：春秋季2～3天浇一次水，夏季浇一次水，冬季少浇水。

吊兰：吊兰又被称作空气净化机，可以吸收甲醛、一氧化碳和尼古丁等有害物质。

养护方法：夏季每天浇一次水，春秋季5天浇一次水，冬季半个月浇一次水即可。

2. 不宜

夹竹桃：夹竹桃全株有毒，皮肤碰到树液会有麻痹感。

松柏类花卉：松柏类花卉会散发油香，让人产生不适感。

（二）卧室

卧室适合摆放一些能安神静气，同时能够洁净空气的植物。

1. 适宜

芦荟：芦荟具有很强的空气净化功能，而且它本身也具有很高的药用价值。

养护方法：冬季半个月浇一次水，春秋季一个星期浇一次水，夏季 2～3 天浇一次水。

君子兰：君子兰即使在紧闭的环境中也能发挥净化空气的作用，冬天开暖气的卧室不常透气，养盆君子兰最适合。

养护方法：君子兰浇水的方法比较特殊，不干透不浇，浇就浇透，最好是肥料和水一起浇，15～20 天一次。

2. 不宜

百合花：百合花的香味会使人兴奋导致失眠。

夜来香：夜来香以及丁香类植物在晚上会释放出微粒，对心脏病和高血压患者特别不好。

兰花：兰花的香气也很浓，放在卧室内会影响休息。

（三）卫生间

卫生间适合摆放一些阴生且具有清新空气作用的植物。

1. 适宜

虎尾兰：虎尾兰可以吸收空气中的水蒸气，同时也是公认的空气清道夫。

养护方法：浇水要适中，不可过量，春夏秋季要充分浇水，冬季要控制浇水。

白鹤芋：卫生间里的污浊空气很重要的成分就是氨，而白鹤芋对氨的吸收能力很强。

养护方法：不宜阳光直射，一周浇水 2～3 次即可。

2. 不宜

月季、石榴、菊花：这些都是典型的喜阳植物，缺少阳光的照射便会枯败，不适合摆放在卫生间。

（四）阳台

阳台可以放一些喜阳的植物。

1. 适宜

常春藤：常春藤是天然除尘器，放在阳台有助于抵挡室外的污浊空气。

养护方法：避免烈日暴晒，每日向叶面喷水2～3次。

山茶：从观赏角度，可以考虑山茶、茉莉、君子兰之类的植物。

养护方法：山茶喜肥，应施足肥，3天浇一次水，保持泥土湿润即可。

万年青：从寓意吉祥角度，可以考虑万年青、富贵竹之类的植物。

养护方法：浇水不宜过勤，容易烂根，平时要防止淋雨。

2. 不宜

兰花、文竹：这些喜阴的植物遭遇阳光暴晒后，叶片会变黄。

二、花草种植技巧

（一）选择适宜的植物

在室内养什么植物才能保持良好的生长呢？可以查看周围环境的日照时间，如果大部分时间都没有阳光，或者只有灯光照射，那就要养耐阴的绿植。

（二）合适的容器

一定要选择有排水孔的花盆，可以检查一下其排水性如何，没有排水孔的花盆很容易导致土壤积水，使植物烂根。

（三）栽种注意事项

栽种之前可以在盆底铺上一层颗粒石，避免排水孔被堵塞。之后可先放入1/3左右的土壤，接着栽种盆栽绿植。

（四）绿植移栽

如果是小盆栽绿植，可以直接带土移栽，这样能很快恢复生长；如果是裸根植物，则可以挖空盆土，之后覆盖新的土壤。如果小盆栽根系长满了花盆，就需要换盆，并适当去掉旧土，混入新的土壤。

（五）适当覆土

将绿植栽种好之后，就需要适当覆土，土壤不能埋到叶片，盆土最高的位置不能超过花盆最高位置的 9/10，这样可以让后期养护更方便。

（六）浇透水

栽种好的植物覆土后要稍微按压，让土壤平整，之后就可以浇透水。如果是多肉类植物，栽种好可以等 5～7 天之后再浇水，如果是绿植则栽种后马上浇透水。

（七）关于施肥

植物在刚种好之后不能马上施肥，浇透水后托盘也不能有水，积水要及时倒掉。施肥一般是等盆栽栽种 1～2 个月之后才能适当给一点薄肥，肥料的浓度不能太高，绿植对肥料的需求不高，可以在生长季节 3～4 周施肥一次。

（八）后期养护

后期养护注意浇水之前检查土壤，可以等土壤下 3～5 厘米都干了再恢复浇水，避免水多。养护的位置要有明亮的光线，适当保持通风，不能养在长期阴暗的地方。

第四节　手工制作

《关于全面加强和改进学校美育工作的意见》（国办〔2015〕71 号）（以下简称《意见》），是我国下发的第一个有关美育工作的指导性文件。《意见》中着重强调"美育是审美教育，也是情操教育和心灵教育，不仅能够提升大学生的审美素养，还能潜移默化地影响人的情感、趣味、气质、胸襟，激励人的精神，温润人的心灵"。新时代大学生不但要具备健全的人格，还应具备较高的精神修养与艺术审美能力，才能适应社会主义现代化发展的需要。因此，学校通过多种形式开展美育课程及艺术文化活动，是提升思想政治教育工作及完善育人体系重要的一环。

手工制作技艺是劳动人民在满足生活和审美需要的过程中发展而来的，也是当前学校进行劳动教育及美育的重要资源。近年来，手工制作在校园的教学推广与实践锻炼越来越受重视。大学生学习、参与手工制作的主要平台有手工制作类课程、创意 DIY 手工、传统手工技艺校园传承活动等。

一、高校手工制作类课程

手工制作类课程是新时代高校劳动教育中一门重要的专业技能课程，主要研究手工特点、造型规律、表现媒材等内容。同学们需掌握手工制作的基本原理及简单工具的使用技巧，同时还需学会完成相对复杂的、兼具较高艺术审美情趣的手工作品。随着高等院校教育教学的改革与发展，手工制作类课程逐渐得到重视。它在陶冶情操，提高美育素养，培养动手能力，激发创造力，促进大学生德、智、体、美全面发展等方面具有重要作用。学校手工制作艺术课程涉及扎染、蜡染、刺绣、布艺抓贴、彩绘等。下面是我们在课程学习中常见的两种手工技艺。

（1）扎染

手工扎染作为手工制作的课程之一，讲究布与色彩艺术的完美结合，深受同学们的喜爱。所谓扎染，就是用绳子等工具来扎紧布，染色后则会形成规则或是不规则的花纹，扎紧的部分染色会比较少或是没有，这样就形成了扎染。在手工扎染中，很重要的工具便是染料。染料有很多种，可分为直接染料、酸性染料、分散染料、活性染料、有机染料等，而大学生最常使用的是直接染料。这样同学们在进行扎染制作的时候，就不需要借助过多复杂的工具，使用也更为方便。通常我们可按如下步骤来进行手工扎染的制作：

第一步是准备染液。染料需要按一定的比例和标准配制成染液。在配制染液时，先将适量的染料倒入玻璃杯中，而后加入适量的温水并用棍棒搅拌均匀，避免玻璃杯中出现块状晶体的沉淀；而染液在放置一定时间后，会出现沉淀或是分层的现象，这时我们把染液放在锅里蒸热、搅拌即可解决。若是还有剩余的染液，我们可以选择密封性强的玻璃罐将它密封起来，放在阴凉、干燥的地方储存，再次使用时便用上述方法将其复原，这样可以避免浪费。一般来说，我们在扎染当天准备好染液即可。

第二步是对布的处理。在染色前将布放在沸水中泡煮有利于染色过程中布对染料的吸收，同时有助于去掉布表面的布浆，以便我们更好地进行染色。之后我们再将布放在凉水里浸泡、搓洗，就可以开始进行扎染了。

另外，我们在扎染前还可以给布的表面涂上糖浆，这样会形成散射的布艺效果，构成许多漂亮的图案纹样。如图 5-10 所示。

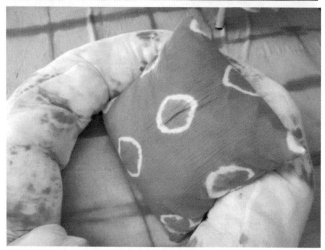

图 5-10　扎染

（2）女红

女红亦作"女工""女功"，或称"女事"，属于中国民间艺术的一种。妇女以手工制作出的传统技艺，如纺织、编织、缝纫、刺绣、拼布、贴布绣、剪花、浆染等都称为"女红"，现在女红多用以泛指针线活。刺绣作为女红中一个重要的种类，也是我们当代大学生日常生活中接触较多和需要掌握的简单技能。我们身边许多常见的物品都可以用来为刺绣服务，比如针、线，是我们生活中缝补时常用的工具，能为我们的生活增添别样的情趣。如绣制可爱的小饰品、在衣服上缝制图样、手工刺绣图画等，可以有效缓解同学们的心理压力，同时提升大家的审美素养。除此之外，缝缀也是一项日常较实用、成品美观的手工技艺，而缝缀和刺绣的完美结合能为我们的手工作品增色不少。如将线条缝缀到制作的布艺上，或者是将布艺上的线丝适当地抽掉一些，可以展现出性感的蕾丝效果。另外，适当地运用丝带、散落的珠子以及纽扣等都可以达到不同的审美效果。女红作品如图 5-11 所示。

图 5-11　女红

目前高校的手工制作课程仍存在教学模式传统、老套，教学内容单一，缺少传统文化资源的融入，手工课教学设备不完善，学生缺乏学习手工的信心和兴趣等问题。因此学校为了顺应时代发展的需要，也在积极进行探索与改革。如尝试结合网络资源采取翻转课堂的手工课教学模式，致力于挖掘民族传统手工技艺资源，并运用计算机技术等实现手工制作的创新。

二、优秀传统手工制作的传承

2018 年国家教育部发布《关于开展中华优秀传统文化传承基地建设的通知》（教体艺函〔2018〕5 号）（以下简称《通知》），计划到 2020 年在全国范围内建设 100 个左右中华优秀传统文化传承基地，积极推动优秀传统手工艺走进高校。

新时代高校不仅是传播知识、培养人才的摇篮，同时也肩负着传承中华优秀文化的重任。学校应立足于我国的基本国情，对学生进行审美观念的正确引导，培养大学生的爱国情怀和对中国传统文化的尊崇，增强当代大学生的使命感和责任感。因此，作为新时代的大学生，我们能看到越来越多的传统手工制作技艺走进校园，也需自觉提升对中国优秀传统文化价值体系的认同。同时《通知》也指出，中华优秀传统文化传承基地建设内容包括课程建设、社团建设、工作坊建设、科学研究、辐射带动、展示交流等六个方面，这都为传统手工艺人走进高校提供了保障。

当前，各地学校正在积极探索传统手工制作融入高校劳动教育课程的途径。同学们主要可在如下三个方面参与到传统手工制作的学习中：传统手工艺在课程体系的引入创新、传统手工艺人进课堂、相关特色文化活动的建设。传统手工艺在课程体系的引入并不是生搬硬套地照抄，而是要与新时代高校劳动教育相融合，深入挖掘传统手工艺术元素，将剪纸、陶艺、泥工、漆艺、蜡染等本土特色融入手工课程体系，利用本土丰富的手工艺资源，对其中的经典文化元素、制作手法、构图等进行重新组合，让优秀的传统文化资源成为劳动教育的优势，同时有效促进传统手工技艺的知识普及与传承创新。不少学校也正在推动传统手工艺人进课堂的教育模式。高等院校聘请传授手工技艺的师傅，对专项手工制作进行教授，如刺绣、编织、印染、陶艺等具有地方特色的传统手工技艺传承人走进劳动教育课堂，不仅能为我们提供丰富的实践资源，还能更好地帮助我们理解民族文化的内涵，增强对中国传统文化的认知。除此之外，学生还可通过学校手工爱好社团活动、手工制作展、手工体验馆、课外考察等搭建的手工制作实践、展示、交流的多样化平台，深入领悟其文化内涵，融入当代审美情趣，塑造传统手工艺术的时代魅力。

高校传统手工制作作品展示见图 5-12～图 5-15。

图 5-12　剪纸（绥宁苗家剪纸作品《欢庆苗族四八姑娘节》）

图 5-13 白瓷（传统瓷器）

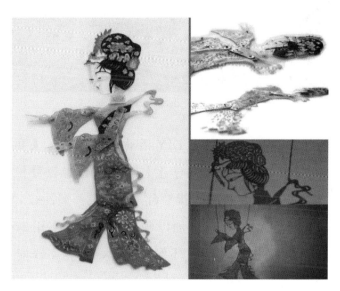

图 5-14 皮影（以兽皮或纸板做成的人物剪影）

三、大学生创意 DIY 手工

DIY 是"Do It Yourself"的缩写，即自己动手制作。创意 DIY 手工对于当代大学生来说并不陌生，它在锻炼动手能力、验证理论知识、缓解学习生活压力等方面有着独特的价值。目前，不少大学生的业余生活都被网络、游戏所充斥，大家的思想在快节奏的信息冲击下，在碎片化的信息数据影响下容易变得浮躁。而手工 DIY 这种形式，讲究自主思考，注重思维和行为之间的协调，在丰富大学生业余生活的同时，还有助于培养创新精神、展现个人风采。我们较常接触的有 DIY 陶艺、DIY 装饰品、DIY 校园纪念物等，于是各类校园 DIY 手工坊也应运而生。

图 5-15 漆艺（扬州漆艺——戗金）

同学们可通过 DIY 手工坊、社团 DIY 活动、校园 DIY 大赛等途径积极参与 DIY 手工制作。高校 DIY 活动也可与学生各类主题思想教育相结合，成为弘扬校园主流文化、提高学生综合素质的新平台。如某校开展高校"低碳达人"手工 DIY 大赛，同学们将生活中的废弃物加以利用，制作成实用的生活用品、装饰画、工艺品等，在校园中推广"低碳环保"理念，培养实践能力，倡导创新意识，如图 5-16～图 5-18 所示。

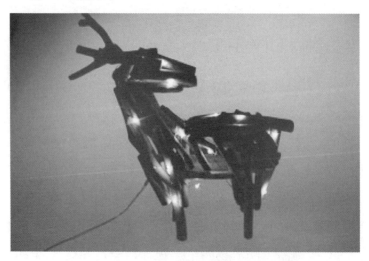

图 5-16 "鹿"灯（原材质主要为废旧木条）

图 5-17 大葫芦花器（原材质主要为葫芦）

图 5-18 椰壳手绘花盆

在 2020 年年初打响的抗击新型冠状病毒肺炎疫情阻击战中，许多高校学子借手工 DIY 的形式，向奋战在一线的医务工作者和社会各界爱心人士致敬，呈现了许多精美的手工作品，如图 5-19～图 5-22 所示。

有调查数据显示，高校学生对手工 DIY 的接受程度受学生课余生活状态满意度、性别、年级、专业类型、消费价格、DIY 手工制作对象等的影响。而当前具有 DIY 手工制作经历的大学生约占总数的 50%，有在 DIY 手工作坊消费意愿的占总数的 85%。可见，大学生手工 DIY 市场具有良好的发展前景，许多学生也开始以手工 DIY 制作为主题申报大学生创新创业培育项目，为高校创新创业教育提供了一个新的实践平台。

图 5-19 《迷你方舱医院》

（由废旧的纸壳和超级黏土制作而成的方舱
医院的缩影，医院是所有患者的"家"，每张
病床上都记录着他们和白衣天使们一起
抗击病毒、一起战胜困难的故事）

图 5-20 《中国加油》

（手工剪纸作品，花朵代表了医护人员
和志愿者们，蝙蝠代表新型冠状病毒，
展现了医护人员和志愿者们共同
战胜疫情的强大的中国力量）

图 5-21 《击碎新冠，致敬英雄》

（立体绘本作品，包含了对疫情中医护人员无私奉献的赞美，以及做好个人防护的防疫宣传）

图 5-22　《马到成功》

（以瓜子壳拼接的环保手工 DIY，展现了普通人以宅家的方式

配合做好防疫工作，马匹寓意"抗疫之战"必马到成功）

【实践活动】

DIY 环保手工艺品创意大赛

　　为迎接校园绿色环保日，现面向全体在校学生征集 DIY 环保手工艺品，可以个人或团队形式参赛，让我们一起为环保助力，快来锻炼自己的创新实践能力吧！

【结果评价】

　　教师可参考以下表格对学生的作品进行评价。

评价标准	内容	分值	教师评价
作品主题	体现绿色环保理念	30 分	
创新设计	构思新颖，与主题契合	20 分	
现实意义	有实际使用价值	30 分	
作品呈现	造型美观，寓意鲜明	20 分	

第五节　物品整理

一、物品整理的基本要求

　　家居环境、寝室布置与大学生日常的学习、生活息息相关，其中物品的整理陈设直接体现了当代大学生的精神面貌和个人素质。在校园生活中，我们首先应做好自己寝室的物品整理。新时代大学生应将维护整洁文明的寝室环境、保持个人与寝室物品的规整和美观内化为自觉追求，外化为自觉行动。

今天我们对"物品整理"的理解已不再停留于将东西整理、收藏好，还需要让放置好的物品能够被轻松取出、轻松放回、轻松打扫，这样我们的日常整理才会形成有效的良性循环。比起动辄来一场"乾坤大挪移"，有效的整理方法更容易保持家居、寝室的整洁环境。因此，我们的物品整理要达到"好收好拿好放回"的目标，努力养成"随用随拿随放回"的良好习惯。

"好收好拿好放回"，即做好物品分类。按照使用人、使用场所和使用习惯对物品进行归类整理，谁的物品就放在谁的地盘，物品在哪儿用就收在哪儿，物品使用后随手放回。这样能有效保持家居、寝室的整洁持久度。而"随用随拿随放回"的生活习惯既方便物品使用，也便于日常整理。这两项物品整理的要求应成为我们当代大学生在居家、寝室生活中的良好素养之一。

二、物品整理与寝室布置的原则与要点

物品的规整布置、美化装饰直接影响寝室的美观程度，反映寝室文化。前文提到，寝室物品整理与装饰应遵循整洁大方、温馨舒适、突出文化气息的原则。

同时，大学寝室的整理和布置还需考虑大部分人的特性、喜好、价值观等，在此基础上统筹设计，营造出别具一格的"特色"文化，追求建设文明、温馨、绿色的特色寝室。在进行寝室的布置和物品的创意设计时，要注意把握以下要点。

（1）彰显寝室文化

每个寝室都有不同的文化，在美化时要充分考虑自己的寝室文化，做出别出新意的美化设计。

（2）用材节约，变废为宝

低碳、绿色不仅是时下流行的概念，更是新时代大学生应践行的生活方式。在装饰寝室时，充分利用牛奶盒、饮料瓶、废纸箱等被忽略的生活垃圾和旧物，做成各种实用的日用品，不仅创意十足，更向周围的人传递了一种绿色的生活态度。

（3）彰显个性

寝室是每一个住在这里的人的"家"，由多个小空间组成，在美化时，每个

人在兼顾大风格统一的基础上，也要考虑自己的审美偏好和兴趣爱好，打造属于自己的"私密空间"，彰显自己的个性。

三、物品整理的方法与收纳技能

（一）物品整理的方法

在高校文明寝室建设的大背景下，我们应大力提倡与推广科学的整理理念与方法，改变过去对物品整理的理解仅停留在"清扫、打扫"的错误观念，当代大学生应把物品整理作为一种合理有效利用空间、方便物品取用的生活习惯，同时也作为一种美化寝室环境，提升生活质量与幸福感的居家方式。下面为大家介绍一套科学系统的物品整理方法，即"设定理想目标—舍弃—收纳整理—美化装饰—状态保持"。

设定理想目标：以"做一次整理，不再回复至原来混乱状态"为目标进行彻底整理。尝试以下准备：给凌乱的寝室一角拍照，发给亲人朋友，激励自己努力整理（通过照片你会发现宿舍比你看到的更加凌乱）；进行物品分类时要按类别，而不是按"场所"整理；学会列清单，做"整理笔记"能让事情更有条理，获得成就感等。

舍弃：我们需要保留那些比较稀有的物品（难买到又无法替代的），或者具有信息价值（有用）、情感价值（有回忆）以及起码具有功能价值（能使用）的令自己"心仪"的物品，丢弃、转卖或捐赠已经完成本身使命的物品。

收纳整理：首先要设置好物品固定的存放位置，以"好收好拿好放回"为原则（如常用外，不常用内），通过折叠、集中、直立、四方形摆放等方式，做到九分收纳，切忌"过度划分"，并学会借用一些整理工具，如收纳盒、S形衣撑等。

美化装饰：根据前文美化设计的要点，统筹寝室装饰布置，打造兼具寝室文化与个性特色的温馨、绿色的家居环境。

状态保持：固定好所有物品的位置，用完不可乱放，养成"随用随拿随放回"的生活习惯；理智购物，对新买物品立刻拆封进行收纳等。

结合当代大学生寝室的情况，可参考图 5-23 所示的寝室整理收纳步骤。

（二）物品整理的收纳技能

寝室是集体生活、学习的公共居所，如果不注意及时整理，很容易就会陷入

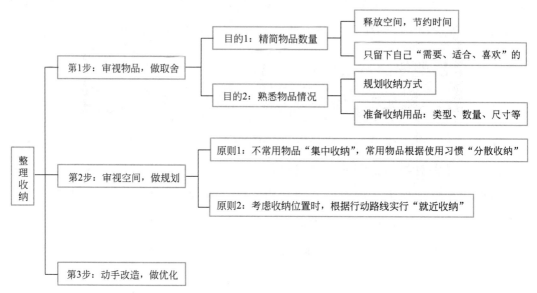

图 5-23　寝室整理收纳步骤

混乱的糟糕状态。究其原因，是寝室空间小、功能多。大学寝室是 4 个人，甚至 6 个人或 8 个人的共同生活空间，每个人可以利用的空间有限。此外，寝室还要实现同学们睡觉、学习、洗漱、衣物收纳、沟通交流甚至简单锻炼的多种功能。因此，寝室物品的整理收纳是当代大学生必备的生活技能之一。

物品整理收纳小窍门

如何做到让物品"好收好拿好放回"呢？整理收纳小窍门助你"轻松"打理好寝室的小窝！

① 不做整理，请勿收纳

"整理"，并不是把东西归拢到一起"摆摆整齐"或者"塞进柜子"，此举治标不治本。实际的"整理"，应该思考物品和自己的关系，决定保留还是丢弃它，经过彻底整理后，要对寝室物品的种类和数量做到心中有数，然后进行合理收纳，这样才能治本。

图 5-24 所示是可清理物品的清单。

② 多利用垂直纵向空间，立体收纳

寝室是一个使用频率非常高的场所，所以能否根据自己的使用习惯进行合理规划显得非常重要。上床下桌的寝室，其桌面和书柜的整理收纳要根据使用人的

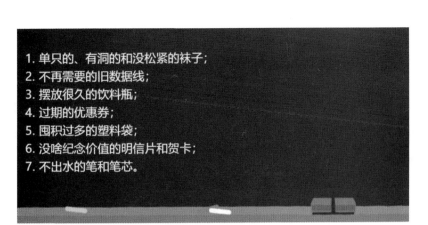

图 5-24　可清理物品清单

1. 单只的、有洞的和没松紧的袜子；
2. 不再需要的旧数据线；
3. 摆放很久的饮料瓶；
4. 过期的优惠券；
5. 囤积过多的塑料袋；
6. 没啥纪念价值的明信片和贺卡；
7. 不出水的笔和笔芯。

生活习惯来进行。

第 1 步：先整理取舍，把桌面和柜子上的所有物品清空，然后粗略分成 4 大类：学习用品、生活用品、小零食和装饰品。

第 2 步：做分区收纳，把寝室桌面书柜区域分成水平面和垂直面两个维度。水平面：按照方便原则，用得多的物品放得近、用得少的放得远。垂直面：按照寝室家具的原本格局，分成上层书柜、中层桌面、墙面及抽屉与下层柜子。每个维度再细分成 3 个区域，如图 5-25 所示，每个区域收纳不同的物品。

图 5-25　利用纵向空间立体收纳

③ 巧用收纳用具，合理归纳顺序

女生往往有这样的困惑：化妆品放桌上不好看，放抽屉里使用又不方便拿。其实，整理收纳不是做给外人看的，所谓的"好看"，应是在"顺应自己使用习惯"基础上做的"颜值优化"。因此，要注意一些收纳用品的选择及摆放技巧。我们可以按照下面的三步骤试试看。

第1步：瓶瓶罐罐按照"大、中、小"分成3类；

第2步：大的长的靠里放，小的放在最前面，中的放在远离大的长的位置；

第3步：每类物品中，再按照用途把相近的摆在一起。

这样摆完之后，高低错落有致，不仅视觉上舒服了些，找起来也比较方便。

收纳用具首选材质、颜色统一，外观方正、规整，且挺括有形者，一来整体视觉上清爽整洁，二来可进行组合堆叠，充分利用空间，如图5-26所示。

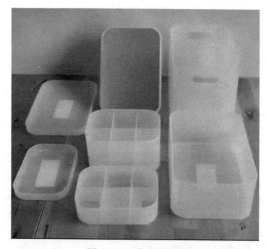

图 5-26　收纳用具

越简单的收纳用具，使用范围越广。

④ 用色彩装点，营造寝室氛围

色彩是影响视觉传达信息的一个重要因素，它能表达情感，给人们带来不同的情绪、精神以及行动反映。康定斯基指出：色彩直接影响着精神，色彩和谐统一的关键在于对人类有目的的启示和激发。色彩心理学的研究也表明，宁静平和的蓝色、绿色系，能给我们营造一个安静轻松的寝室氛围。

运用色彩心理学的知识选择合适的窗帘和床帘，把规整的寝室变成各有特色的温馨小窝吧（图5-27）！

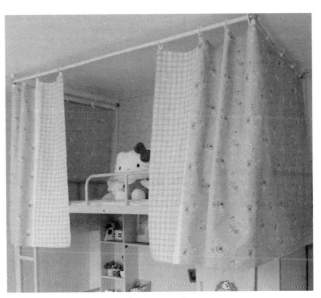

图 5-27 运用色彩心理学设计的床帘

第六章

社会服务

◄◄◄

　　劳动教育是高等教育体系的重要组成部分，是高校实现立德树人根本任务的重要要求。加强高校劳动教育，要推进课堂教育与课外教育相结合。社会服务是大学生课外劳动教育的重要补充，必须扎实推进劳动教育与专业教育、实习实训、创新创业、乡村建设等相结合，让大学生在参与社会服务的过程中，掌握劳动知识与技能，在劳动实践训练中得到全面发展。

学习目标

1.知识目标

了解勤工助学的相关法律法规，了解政务实习的相关途径；

理解专业劳动的内涵，学会挖掘专业教育中的劳动教育元素；

认识创新创业、乡村建设的重要性以及过程方式。

2.素质目标

在参与政务助理等社会服务活动中，学会维护自身合法权益；

掌握专业劳动知识和技能，形成正确的劳动观，成为劳动精神、劳模精神、工匠精神的自觉实践者。

课堂导入

每年暑假，很多学生为了增加阅历、积累经验或补贴家用，到校外做兼职。但总有一些黑心中介利用暑期工求职心切的心理，以"兼职中介""高薪工作"等名义制造骗局。学生初入社会，不识社会险恶，防范心理不强，是诈骗分子垂涎的"猎物"。

思考：

（1）大学生参与勤工助学等社会服务劳动，常见的"陷阱"有哪些？

（2）大学生如何维护自身合法权益，防范化解社会服务活动中的风险？

第一节　政务助理

在大学生参与社会服务的劳动中，政务助理一般包括勤工助学和政务实习。勤工助学主要是学生利用课余时间在校内参加勤工助学岗位；政务实习是学生利用寒暑假到校外政府部门参加实习。通过担任政务助理，大学生能拓宽专业视域，增强劳动知识技能，从而更好地为未来的职业发展奠定基础。

一、勤工助学

（一）勤工助学的含义

勤工助学，一般是指学生在学校的组织下利用课余时间，通过劳动取得合法报酬，用于改善学习和生活条件的实践活动。勤工助学是学校学生资助工作的重要组成部分，是提高学生综合素质和资助家庭经济困难学生的有效途径，是实现全程育人、全方位育人的有效平台。随着国家教育体制的改革和素质教育的全面开展，勤工助学成为大学生社会服务、实践活动的重要环节。

（二）勤工助学的价值与意义

在新的时代背景下，勤工助学可以产生衍生价值。它可以促进助学，让学生在勤工的过程中有更多的收获。勤工是手段，助学是目的，这是勤工助学的核心价值。

勤工助学是为大学生量身定制的"有薪劳动"。首先，勤工助学是大学生的劳动启蒙。无论什么样的勤工助学岗位，都是一份"工作"，参与者只有劳动才能完成，只有付出才有收获。学生通过付出脑力和体力取得经济收入，这种劳动体验与锻炼有利于大学生健康、全面地成长。其次，勤工助学是大学生的财富启蒙。学生勤工的收入可以直接补贴生活，减轻家庭的经济压力；也可以增强对"劳动创造财富""知识创造财富"的认识，体会到每一分钱都来之不易，养成勤俭节约的习惯；还可以为毕业后的就业奠定"工作基础"，积累"工作经验"。

学校通过组织勤工助学，对学生进行劳动技术教育，培养学生正确的劳动观和态度，养成自立、自强、艰苦奋斗等良好思想作风；加强理论与实际相联系，掌握一定的生产知识和劳动技能。

（三）《高等学校勤工助学管理办法（2018 年修订）》

为规范管理高等学校学生勤工助学工作，促进勤工助学活动健康、有序开展，保障学生合法权益，帮助学生顺利完成学业，发挥勤工助学育人功能，培养学生自立自强、创新创业精神，增强学生社会实践能力，教育部、财政部于 2018 年 8 月颁布《高等学校勤工助学管理办法（2018 年修订）》。学校学生资助工作领导小组全面领导勤工助学工作，负责协调学校的宣传、学工、研工、财务、人事、教务、科研、后勤、团委等部门配合学生资助管理机构开展相关工作。学校学生资助管理机构下设专门的勤工助学管理服务组织，具体负责勤工助学的日常管理工作。校内勤工助学岗位设置应以校内教学助理、科研助理、行政管理助理和学校公共服务等为主，分固定岗位和临时岗位。勤工助学岗位既要满足学生需求，又要保证学生不因参加勤工助学而影响学习。学生参加勤工助学的时间原则上每周不超过 8 小时，每月不超过 40 小时。寒暑假勤工助学时间可根据学校的具体情况适当延长。

拓展阅读

高等学校学生勤工助学的法律责任

学生在校内开展勤工助学活动的，学生及用人单位必须遵守国家及学校勤工助学相关管理规定。学生在校外开展勤工助学活动的，勤工助学管理服务组织必须经学校授权，代表学校与用人单位和学生三方签订具有法律效力的协议书。签订协议书并办理相关聘用手续后，学生方可开展勤工助学活动。协议书必须明确学校、用人单位和学生等各方的权利和义务，开展勤工助学活动的学生如发生意外伤害事故的处理办法以及争议解决方法。

在勤工助学活动中，若出现协议纠纷或学生意外伤害事故，协议各方应按照签订的协议协商解决。如不能达成一致意见，应按照有关法律法规规定的程序办理。

【探究与分享】

你如何看待大学生勤工助学？你参与过勤工助学活动吗？与身边的同学分享一下参与勤工助学的感受和体会。

二、政务实习

（一）政务实习的含义

大学生政务实习一般由各级政府等相关部门联合开展，市直单位、县市区直单位、大中型企业等提供实习岗位，学校团委、学工部、研工部等部门遴选具有较强综合素质的学生志愿者，赴各级党政机关和企事业单位开展以政务参访、岗位体验、学习交流等为主要方式的社会服务活动。活动时间一般为寒假或暑期，为期 1～2 个月。

（二）政务实习的价值与意义

通过开展大学生政务实习活动，引导大学生在服务家乡经济建设和民生发展的生动实践中受教育、长才干、作贡献；帮助大学生在实习实践中深入了解国情社情，树立正确的就业观，储备就业工作经验，为就业做好充分准备，实现更高质量和更加充分的就业。

通过多种形式的实习实践，进一步构建多层次、全方位、立体化的人才培养模式，引导青年学生感受党政机关良好的工作状态和精神面貌，帮助他们在实习实践中坚定理想信念、提升政治素养、锤炼过硬本领、培养良好作风，努力成长为德智体美劳全面发展的社会主义建设者和接班人，争做担当民族复兴大任的时代新人。

拓展阅读

"展翅计划"广东大学生就业创业能力提升行动

"展翅计划"广东大学生就业创业能力提升行动，是由广东省团省委、省人社厅、省教育厅、省科技厅、省民政厅、省直机关工委、省国资委、省工商联、人保财险广东省分公司和省学联十家单位联合主办，面向全省在读大学生、应届毕业生、离校毕业生和离校未就业大学生，围绕实习、见习、创业培训、就业技能培训、心理健康辅导等方面推出的十大服务"实招"，其中实习、见习的岗位遍及企事业单位和中外大型名企等各个领域，含销售、技术、运营、行政等五十多种不同类型的热门行业岗位。

自 2013 年"展翅计划"项目举办以来，始终坚持提高大学生就业创业和职业转换能力的宗旨，开展至今已积累服务超过 120 万名大学生，助力超过 70 万名大学生走上优质实习岗位，在各高校乃至社会上产生了广泛而良好的影响。该活动推动一大批学生通过职场训练，提升就业创业和职业转化能力，增强实战技能，丰富职业体验，树立正确的就业观念；为青年学生提供多元化的观察、体验和融入社会生活的实践锻炼机会，增进青年学生对社情、民情的了解，开阔视野，丰富人生阅历；面向港澳台学生、海外留学生、外省就读学子提供实践机会，为广东吸引优秀青年才俊，推动地方发展。

【实践活动】

一、我为"高等学校勤工助学"建言献策

请认真阅读《高等学校勤工助学管理办法（2018年修订）》，设计一份调查问卷，进一步了解所在高校勤工助学的现状及存在问题，并针对调研过程中发现的问题，提出改进意见和建议，形成一份调研报告（不少于1000字），为进一步完善学校资助体系贡献出自己的一份力量。

【过程记录】

调研的难点：

调研的关键点：

我的调研思路：

我的意见和建议：

【结果评价】

教师可参考以下表格对学生的调研报告进行评价。

评价标准	评价细则	分值	分数小计	教师评价
报告结构	顺利完成并上交完整的调研报告	20分		
观点论证 材料支撑	用事实材料阐明观点,逻辑清晰,观点鲜明	30分		
	有叙有议,叙议结合,引出符合客观实际的结论	30分		
语言表述	语言流畅,简洁凝练,可读性强	20分		

二、我的政务实习报告

请结合个人的政务实习经历，撰写一份政务实习报告。政务实习报告内容可围绕政务实习基本情况进行总结，包括政务实习的目的和要求、内容及过程、成绩与收获、问题与思考等方面。政务实习报告完成后，可在班级中进行汇报展示，分享交流，与身边的同学们一起学习，共同成长！

【过程记录】

目的和要求：

内容及过程：

成绩与收获：

问题与思考：

【结果评价】

教师可参考以下表格对学生的政务实习报告进行评价。

评价标准	评价细则	分值	分数小计	教师评价
报告结构	实习报告结构完整,逻辑清晰	20分		
报告内容	实习目的和要求明确,实习内容和流程记录清晰,深入总结实习体会与收获,善于反思实习过程中存在的不足,并提出改进的思考和建议	60分		
语言表述	语言流畅,简洁凝练,重点突出	20分		

第二节　专业劳动

"要在学生中弘扬劳动精神，教育引导学生崇尚劳动、尊重劳动，懂得劳动最光荣、劳动最崇高、劳动最伟大、劳动最美丽的道理，长大后能够辛勤劳动、诚实劳动、创造性劳动。"这是对新时代高等教育的育人功能提出的更高要求。如何将劳动教育贯穿于专业教育全过程，发挥专业劳动教育在培养德智体美劳全面发展的社会主义建设者和接班人中的作用，是值得思考与探讨的问题。❶

《国家中长期教育改革和发展规划纲要（2010—2020年）》指出，创新人才培养模式，要注重知行合一，坚持教育教学与生产劳动、社会实践相结合，开发实践课程和活动课程，增强学生科学生产试验、生产实习和技能实训的成效。

---

❶ 刘向兵等.新时代高校劳动教育论纲［M］.北京：社会科学文献出版社，2019：98-99.

《中国教育现代化 2035》指出："弘扬劳动精神，教育引导学生崇尚劳动、尊重劳动、树立依靠辛勤劳动创造美好未来的观念。强化实践动手能力、合作能力、创新能力的培养"。

一、认识专业劳动

（一）专业劳动

专业劳动是围绕就业岗位从事的与专业相关的劳动实践，如跟岗实习、顶岗实习和各类专业技能训练等。专业劳动是实施教育与生产劳动相结合的实践教学形式，是学生将理论知识应用于生产实践而获得实践经验的重要途径，在培养学生观察、发现问题以及应用所学知识解决问题的能力方面发挥着重要作用。❶ 学生通过参加各种专业劳动，将各学科知识融会贯通，并在实践中发现问题、解决问题，使课堂上学习的理论知识得到了印证。学生在专业劳动过程中也积累了实践经验，提高了实践操作技能和专业综合能力，培养面向基层、面向农村，艰苦奋斗、求真务实的工作作风。

（二）专业劳动教育

学校劳动教育需要紧密结合学生专业特点，对学生开展专业劳动教育，促进劳动素养与专业劳动技能的融合培养，帮助学生形成正确的劳动观、价值观，并在专业劳动实践中不断成长与发展。以交通土建类专业劳动教育为例，学校聚焦与学生专业相关的就业岗位，举办专业技能竞赛，强化工程测量、工程识图、试验检测、力学检算等专业基础性技能训练，促进学生专业技能提升，夯实学生职业发展基础。高校与企业共建生产实训基地，开发与生产活动对接的实践训练项目，实施实训室开放式管理，搭建劳动技能培养平台。加强与交通土建施工企业合作，落实学生实习岗位，针对交通土建工程施工周期性特点，灵活教学组织模式。春夏施工旺季，学生在企业开展跟岗、顶岗实习，冬季息工季节，学生在校强化专业知识和单项技能。学生实习期间参与企业生产任务，校企安排"双导师"进行指导，让学生在岗位上锻炼，在劳动中提升。❷

---

❶ 罗文杰.专业劳动课程教学实践与改革［J］.海南大学学报（自然科学版），2003（01）：91～94.

❷ 赵东，宋德军.高职交通土建类专业劳动教育实施路径探索［J］.太原城市职业技术学院学报，2020（02）：143～144.

顶岗实习

顶岗实习，是指在基本上完成教学实习和学过大部分基础技术课之后，到专业对口的现场直接参与生产过程，综合运用本专业所学的知识和技能，以完成一定的生产任务，并进一步获得感性认识，掌握操作技能，学习企业管理，养成正确劳动态度的一种实践性教学形式。

最早是在 2006 年 5 月，河北师范大学在全国率先实施"顶岗实习"工程。这种开创性的新教育实习模式，旨在破解农村教育"人才荒"，实现师范院校培养人才和服务社会的统一。在河北师大"顶岗实习"试点取得成功之后，从当年下半年起在全河北省高等师范院校教师教育专业中全面实施"顶岗实习"，9 万多名师范类专业在校学生下乡支教，为农村教育"输血"。后来发展到了全国的高等院校，已经从师范类扩展到了各类高等职业教育。

学校在组织学生顶岗实习时，应严格按照专业对口的原则。如果学校仅仅将学生视为廉价劳动力，甚至以此作为激发企业提供岗位的动力，不仅与其制定的人才培养目标相背离，这样的"校企合作"也是不可能持续的。将顶岗实习转化为简单劳动，不但不能达到学校设计的目的，还会使学生对实习失去兴趣，从而影响其对本职业的正确认知。

【探究与分享】

你目前所学的是哪个专业？与专业相关的劳动有哪些？你是否参加过专业劳动？与身边的同学分享参与专业劳动的感受和体会。

二、推进劳动教育与专业教育的融合

（一）推进劳动教育与不同专业相融合

劳动教育与专业教育在过程和目标上都具有内在统一性。大学各类专业课程，从知识体系建构、知识体系向劳动体系转化、知识体系向科技创新升华、知识体系向社会财富转变等，无不渗透或展现出当代社会的劳动价值与发展趋向。因此，高校应在专业知识传授中强化劳动观念导向、劳动立场导向、劳动态度导向、劳动精神导向，自觉融入劳动要素，在传道中授业，在授业中体验，在体验中感悟，在感悟中认同，努力构建具有本专业特色的劳动教育价值体系。同时，注意加强专业教育中劳动知识的传授和劳动技能的训练，培养劳动精神、劳模精神、工匠精神，使当代大学生成为劳动精神、劳模精神、工匠精神的自觉实践者。

高校根据专业发展特点开设课程，传授专业劳动知识，培育学生专业劳动技能，培养具有创新精神和实践能力的高素质专门人才。在各类专业设置中，自然科学领域的科学研究，如物理实验、化学实验、天文观测、地质勘探等具有鲜明的劳动特点；工科中的机械、电气、建筑、水利等研究应用技术和工艺，是专业教育与劳动教育相结合的生动实践。在社会科学领域，社会调查具有劳动的性质。在艺术领域，绘画、设计和音乐创作等也是一种创造性劳动。可以说，不同的专业蕴含着丰富的劳动教育元素，高校需要对不同的专业课程进行全方位挖掘，促进劳动教育与不同专业课程的融合。

（二）推进劳动教育与实习实训相融合

实习实训是高等教育实践教学环节的重要组成部分，包括专业实验、专业实训、专业实习等。专业实验是指专业课程教学中需通过实验完成的教学环节；专业实训是指依托相关部门开展的实践教学活动；专业实习是指学生在与所学专业相关的部门从事的实践工作。实习实训是学生学习劳动知识技能的主要方式，是培养劳动价值观的主要阵地，是养成劳动品质的练兵场。

当前，各高校根据国家要求，不断推进实验实训课程建设，积极拓展实习合作企业与行业部门，建成一系列实验教学中心和实习实训平台，以满足高校人才培养需求，但是实习实训与劳动教育的融合度仍有待提升。因此，高校要抓好实习实训中的劳动教育，推进劳动教育与实习实训相融合，在实习实训中融入劳动价值观、劳动态度的教育，让劳动品质根植于学生心灵，让劳动成为一种习惯。

如何推进劳动教育与实习实训相融合？一是要优化实习实训教学体系，加强劳动教育融合。做好实习实训的物质保障，加强校内实验教学资源整合，推动与校外行业部门、企业协同合作，建设满足实践教学需要的实验实习实训平台。在构建教学体系时融入劳动教育，明确劳动教育的目标、教学体系和教学任务。二是要加强实习实训过程管理，确保劳动教育落实。高校应建立实习实训标准，健全实习实训管理制度，规范学生实习实训的目标与任务，发挥教师在实习实训中的指导作用。三是要完善实习实训考评体系，强化劳动教育地位。学校可将劳动教育的实施情况和效果纳入教师的考评中，将劳动态度、劳动行为纳入学生实践教学课程考核、综合素质考评等评价中，调动师生参与的主动性、积极性。四是发挥校企合作协同育人作用，巩固劳动教育效果。运用企业文化育人，选择文化底蕴丰厚、拥有正确的劳动观念和劳动态度的企业或行业部门开展实习合作；发挥企业育人作用，加强兼职实践导师队伍建设，聘请专业技术精通、指导经验丰富、责任感强的企业或行业部门技术人员或专家担任实践指导教师。❶

经典案例

美国麻省理工学院提出"Mind，Hand"，即动脑动手的教学理念，意在营造边学边做的文化氛围，鼓励学生将严谨的学术研究与丰富的想象力相结合，在实践劳作中解决社会难题。以麻省理工学院工程系为例，在课程体系设置中，学院开设能源、创业、环境、生命科学、运输五类跨学科课程，同时开设工程伦理、人文社科课程，使学生能够从价值、伦理、生态、人文的角度来思考工程中的专业问题，进而对社会中与工程相关的各个方面有更加深刻的理解，培养学生的工程综合素养，能够服务于社会。在实验室建设方面，已建立58个跨学科研究中心、实验室和项目计划，作为课堂教学的延伸，为课程建设及发展搭建重要的平台，让学生深入参与实践，打破不同领域间的专业壁垒，为解决社会问题提出更深层次的理解和新思路。❶

【实践活动】

我的专业劳动计划

请结合所学专业，挖掘专业教育中的劳动教育元素，制订一份大学期间的专业劳动计划，进一步掌握劳动知识，提升劳动技能，为未来的职业发展做准备。

【过程记录】

计划思路：

---

❶ 刘向兵等.新时代高校劳动教育论纲［M］.北京：社会科学文献出版社，2019：114～118.

计划实施要点：

计划可行性分析：

【结果评价】

教师可参考以下表格对学生的劳动计划进行评价。

评价标准	分值	分数小计	教师评价
计划完整	30 分		
计划目标明确	20 分		
计划具有可行性	30 分		
计划具有反馈提升机制	20 分		

第三节　创新创业

实现全面建成小康社会奋斗目标，实现社会主义现代化，实现中华民族伟大复兴，需要一批又一批德才兼备的有为人才为之奋斗。青年一代有理想、有追求、有担当，要扎根中国大地了解国情民情，在创新创业中增长智慧才干、锤炼意志品质，用青春书写无愧于时代、无愧于历史的华彩篇章。

一、什么是创新创业

（一）定义

创新创业由"创新"和"创业"组成。创新是以新思维、新发明和新描述为特征的一种概念化过程。创新有三个层次，即基础性创新、支撑性创新和应用性创新。创业是不拘泥于当前资源约束，寻求机会，进行价值创造的行为过程。2015 年 3 月，《政府工作报告》中首次提出了"双创"，即推动"大众创业、万众创新"。

（二）特征

一是高风险。创新创业是建立在创新基础上的创业，但是创新受到人们现有认知、行为习惯等方面的影响，会面临被接受的阻碍，因而创新创业会面临比传统创业更高的风险。正如彼得·德鲁克所言：真正重大的创新，每成功一个，就有99个失败，有99个闻所未闻。

二是高回报。创新创业是通过对已有技术、产品和服务的更优化组合，对现有资源的更优化配置，能够给人们带来更大的新价值，从而开创所在领域的"蓝海"，获取更多的竞争优势，也获取更大的回报。

三是促进上升。创新创业是在创新基础上的创业活动，创新是创业的基础和前提，同时创业又是创新成果的载体和呈现，并在创业活动过程中，不断优化资源配置、总结提炼，以实现创新的提升。

创客空间

创客（Maker/Hacker）起源于美国，由克里斯·安德森在《创客新工业革命》一书中提出，是指把具备相当的技术挑战的创意转变为现实的人，他们需要具备一定的知识含量和创新、实践、共享、交流的意识。互联网时代使得人们的创新项目得到了及时的分享和交流，也鼓励和促进越来越多的人加入创客的行列。创客空间指的是社区化运营的工作空间，在这里，有共同兴趣的人们（通常是对电脑、机械、技术、科学、数字艺术或电子技术的兴趣）可以聚会、社交、合作。创客空间，是一个具有加工车间、工作室功能的开放的实验室，创客们可以在创客空间里共享资源和知识，来实现他们的想法。

二、创新创业的意义

创新创业是发展的动力之源，也是富民之道、公平之计、强国之策。党明确提出实施创新驱动发展战略，将其作为关系国民经济全局紧迫而重大的战略任务。党的十八届五中全会将创新作为五大发展理念之首，进一步指出，坚持创新发展，必须把创新摆在国家发展全局的核心位置，不断推进理论创新、制度创新、科技创新、文化创新等各方面创新，让创新贯穿党和国家一切工作，让创新在全社会蔚然成风。2015年6月，国务院颁布了《关于大力推进大众创业万众创新若干措施的意见》，明确指出，推进大众创业、万众创新，是培育和催生经济社会发展新动力的必然选择，是扩大就业、实现富民之道的根本举措，是激发全社会创新潜能和创业活力的有效途径，具有重要的理论意义和现实意义。

首先，从综合国力角度上看，创新创业是我国生存和发展的需要，有利于提高我国综合实力。当前，全球新一轮科技革命和产业变革蓄势待发，我国经济进入速度变化、结构转型和动力转换的关键时期。面对新的形势，我国必须深入推进大众创业、万众创新，着力营造有利于杰出科学家、发明家、技术专家和企业家不断涌现，营造大众创业、万众创新蔚然成风的社会环境和文化氛围，让每一个充满梦想并愿意为之努力的人获得成功，实现经济平稳持续增长、国家强盛、人民富裕和社会公平正义。

其次，从经济转型角度上看，创新创业是坚持创新发展、实施创新驱动发展战略的关键实现途径，有利于推进供给侧结构性改革，促进我国经济发展。大众创业、万众创新，可以大幅增加有效供给，增强微观经济活力，加速新兴产业发展，又可以扩大就业、增加居民收入，还可以促进社会纵向流动和公平正义，是经济发展的引擎。

最后，从个人发展角度上看，有利于缓解学生就业压力，谋求个人价值与社会价值的实现。创新创业有利于解决就业难的问题。毕业生通过自主创业，可以把自己的兴趣与职业紧密结合，做自己最感兴趣、最愿意做和最值得做的事情，可在五彩缤纷的社会舞台上大显身手，最大限度地发挥自身才能。同样，创新创业意识和能力的培养也有助于学生不断完善自身的知识和能力结构，更好地完善自我、适应社会、实现个人价值与社会价值。

【实践活动】

脑洞大开的创意秀

请围绕"脑洞大开的创意秀"，用三件生活中常用的物品进行设计，开动脑筋，秀出自己的创意，并说出创新之处。

【过程记录】

目的和要求：

内容及过程：

成绩与收获：

问题与思考：

【结果评价】

教师可以参照下表对学生的"脑洞大开的创新秀"进行评价。

评价类别	评价细则	分值	教师打分
创意设计	新颖性和独创性	10分	
	创新性	20分	
	可行性与推广性	20分	
作品演示	美观新颖性	10分	
	语言表达及逻辑思维能力	20分	
	演示表现力	10分	
	其他形式材料	10分	

三、如何提高创新创业能力

（一）构建整体融合的育人机制

高校开展学生创新创业实践活动，培养学生创新创业能力，需要构建整体性思维，在育人机制中坚持政治引领、价值引领、文化引领、专业引领相结合，形成整体融合的育人机制。在创新创业教育中，高校可打造学院、教师、平台、团队"四位一体"的创新创业实践服务体系，全方位、全过程地将创新创业教育与德育工作相结合、与实践育人相融合，有效提高学生的创新创业能力。如组织学生参加志愿服务等社会创新实践活动，为他人提供创新创业政策咨询、技术支持、专业培训等，培养学生的"工匠精神"和爱国主义情怀。通过营造浓厚的创新创业整体氛围，引导学生在创新创业实践中成长成才。

（二）整合多方互补的优势资源

高校组织开展学生创新创业劳动实践，需要整合多方资源，实现与政府协同、与企业协同、与社会协同。一是与政府协同，制定创新创业教育相关政策。学校需要与政府紧密联系，依托政府提供的政策优惠、资金扶持等，将创新创业教育与大学生思想政治教育紧密结合。二是与企业协同，关注大学生未来职业发展。学生创新创业实践活动不能只局限于理论、局限于"象牙塔内"，而需要把握市场动态，了解企业需求。只有与企业开展联系与合作，才能促进创新创业活动与社会融合、与市场融合，从而为创新创业教育提供动态的、持续的资源支持。三是与社会协同，注重与社会实践相结合。学校需要结合专业设置、学生特点等情况，加强与不同地区、社区、乡镇等区域资源的协同，为学生提供创新创业劳动实践的机会，以培养素质高、创新创业能力强，具有国际视野和扎实基础的"又红又专""顶天立地"的人才。

拓展阅读

"挑战杯"全国大学生系列科技学术竞赛

"挑战杯"竞赛是"挑战杯"全国大学生系列科技学术竞赛的简称，是由共青团中央、中国科协、教育部和全国学联、地方省级人民政府共同主办的全国性大学生课外学术科技创业类竞赛，承办高校为国内著名大学。"挑战杯"竞赛在中国共有两个并列项目：一个是"挑战杯"全国大学生课外学术科技作品竞赛（大挑）；另一个则是"挑战杯"中国大学生创业计划竞赛（小挑）。这两个项目的全国竞赛交叉轮流开展，每个项目每两年举办一届。"挑战杯"竞赛被誉为中国大学生科技创新创业的"奥林匹克"盛会，是目前国内大学生最关注最热门的全国性竞赛，也是全国最具代表性、权威性、示范性、导向性的大学生竞赛。

（三）形成多层递进的教学链条

在创新创业教育中，教学是重要的一环，影响着学生创新创业能力培养的质量。高校在培养学生创新创业能力的过程中，应形成多层递进的教学链条，打通学生、教师、课程、项目之间的关系。一是遵循学生成长成才规律，打造"基础层—突破层—实战层"的学生成长发展轨迹，多层次、递进式培养学生创新创业能力。二是发挥教师引领与指导作用，打造"启蒙型导师—应用型导师—高层次人才导师"的梯度结构，更好地为高水平创新创业人才培养提供教学支撑。

（四）搭建多阶互促的产学研平台

在社会服务实践中培养学生的创新创业能力，可搭建多阶互促的产学研平台，推动产学研紧密结合。一是构建多层次的创新创业竞赛及服务体系，打造校内外联合的赛事平台，致力于学生创新创业能力培养。二是形成"N＋1＋N"一体化的创新创业实践育人平台。第一个"N"是指二级学院创新工作室、大师工作室、教授工作室等，对学生进行创新精神、创业意识和创新创业能力的思维引导教育；"1"是指校内学生创新创业训练与孵化基地；第二个"N"是指协同政府、企业、港澳等资源，建立的校外创新创业实践育人平台。三是建设学生创业社团、暑期创业实践等平台。高校可依托大学生创业社团组织，为学生提供交流研讨、团队协作以及参与创业实践的机会，培养学生的创新创业能力；可搭建假期创业实践平台，组织创业经验交流会等，帮助学生通过寒暑假的创业实践培养创业意识，积累创业经验，提升创业技能。

拓展阅读

工匠精神

工艺，享受着产品在双手中升华的过程。工匠精神的目标是打造本行业最优质的产品，其他同行无法匹敌的卓越产品。概括起来，工匠精神就是追求卓越的创造精神、精益求精的品质精神、用户至上的服务精神。

当今社会心浮气躁，追求"短、平、快"（投资少、周期短、见效快）带来的即时利益，从而忽略了产品的品质灵魂。因此企业更需要工匠精神，才能在长期的竞争中获得成功。当其他企业热衷于"圈钱—做死某款产品—再出新品—再圈钱"的循环时，坚持"工匠精神"的企业，依靠信念、信仰，看着产品不断改进、不断完善，最终通过高标准要求历练之后，成为众多用户的骄傲，无论成功与否，在这个过程中，他们的精神是完完全全的享受，是脱俗的，也是正面积极的。

【实践活动】

头脑风暴手工文创作品

你所在的小组将举办"头脑风暴手工文艺作品"文创活动，用于弘扬中华民族传统文化，以营造在传统的基础上进行创新的氛围，形成小组的手工文创作品。和小伙伴们来一场头脑风暴，制作出属于你们独一无二的文创作品吧！

第四节　乡村建设

乡村兴则国家兴，乡村衰则国家衰。我国人民日益增长的美好生活需要和不平衡不充分的发展之间的矛盾在乡村最为突出，我国仍处于并将长期处于社会主义初级阶段的特征很大程度上表现在乡村。全面建成小康社会和全面建设社会主义现代化强国，最艰巨最繁重的任务在农村，最广泛最深厚的基础在农村，最大的潜力和后劲也在农村。实施乡村振兴战略，是解决新时代我国社会主要矛盾、实现"两个一百年"奋斗目标和中华民族伟大复兴中国梦的必然要求，具有重大现实意义和深远历史意义。❶

一、新农村建设和"美丽乡村"的提出

新农村建设是指在社会主义制度下，按照新时代的要求，对农村进行经济、政治、文化和社会等方面的建设，最终实现把农村建设成经济繁荣、设施完善、环境优美、文明和谐的社会主义新农村的目标。

"美丽乡村"建设的实质是我国社会主义新农村建设的一个升级阶段，它的核心在于解决乡村发展理念、乡村经济发展、乡村空间布局、乡村人居环境、乡村生态环境、乡村文化传承以及实施路径等问题。因此，"美丽乡村"建设是改变农村资源利用模式，推动农村产业发展的需要；是提高农民收入水平，完善农民居住、公共服务设施配套和基础设施建设等改善农村生活环境的需要；是保障农民权益，民主管理，民生和谐的需要；是保护和传承文化，改善农村精神文明建设的需要；是提高农民素质和新技能，促进自身发展的需要。

---

❶　中共中央、国务院印发的《乡村振兴战略规划（2018－2022年）》

拓展阅读

乡村振兴战略

2017 年 10 月 18 日，党的十九大报告中提出乡村振兴战略。农业农村农民问题是关系国计民生的根本性问题，必须始终把解决好"三农"问题作为全党工作重中之重，实施乡村振兴战略。2018 年 2 月 4 日，国家公布了 2018 年中央一号文件，即《中共中央国务院关于实施乡村振兴战略的意见》。2018 年 3 月 5 日，《政府工作报告》中指出，大力实施乡村振兴战略，要坚持农业农村优先发展，巩固和完善农村基本经营制度，保持土地承包关系稳定并长久不变，第二轮土地承包到期后再延长三十年。确保国家粮食安全，把中国人的饭碗牢牢端在自己手中。加强农村基层基础工作，培养造就一支懂农业、爱农村、爱农民的"三农"工作队伍。按照党的十九大提出的决胜全面建成小康社会、分两个阶段实现第二个百年奋斗目标的战略安排，明确实施乡村振兴战略的目标任务是，到 2020 年，乡村振兴取得重要进展，制度框架和政策体系基本形成；到 2035 年，乡村振兴取得决定性进展，农业农村现代化基本实现；到 2050 年，乡村全面振兴，农业强、农村美、农民富全面实现。

二、乡村建设的内容

（一）生产发展

推进现代农业建设，强化社会主义新农村建设的产业支撑。大力提高农业科技创新和转化能力；加强农村现代流通体系建设；稳定发展粮食生产；积极推进农业结构调整；发展农业产业化经营；发展农村工业园区；加快发展循环农业。

（二）生活宽裕

促进农民持续增收，夯实社会主义新农村建设的经济基础。拓宽农民增收渠道；保障务工农民的合法权益；稳定、完善、强化对农业和农民的直接补贴政策；加强扶贫开发工作。

（三）乡风文明

加快发展农村义务教育，大规模开展农村劳动力技能培训；繁荣农村文化事业，加强县文化馆、图书馆和乡镇文化站、村文化室等公共文化设施建设；推动实施农民体育健身工程；扶持农村业余文化队伍，鼓励农民兴办文化产业，开展和谐家庭、和谐村组、和谐村镇创建活动。

（四）村容整洁

加快农村能源建设步伐，在适宜地区积极推广沼气、秸秆气化、小水电、太阳能、风力发电等清洁能源技术；以沼气池建设带动农村改圈、改厕、改厨；加强村庄规划和人居环境治理；引导和帮助农民切实解决住宅与畜禽圈舍混杂问题，搞好农村污水、垃圾治理，改善农村环境卫生。

（五）管理民主

以建设社会主义新农村为主题，在全国农村深入开展保持共产党员先进性教育活动，加强农村基层组织的阵地建设；健全村党组织领导的充满活力的村民自治机制，进一步完善村务公开和民主议事制度，完善村民"一事一议"制度，健全农民自主筹资筹劳的机制和办法。

三支一扶

三支一扶是毕业生基层落实政策，指大学生在毕业后到农村基层从事支农、支教、支医和扶贫工作。其目的在于为高校毕业生向基层单位落实就业问题提供具体的指导和保障。三支一扶以公开招募、自愿报名、组织选拔、统一派遣的方式，从2006年起连续5年，每年招募2万名左右高校毕业生，主要安排到乡镇从事支教、支农、支医和扶贫工作。工作时间一般为2年，工作期间给予一定的生活补贴。工作期满后，自主择业，择业期间享受一定的政策优惠。目前部分地区服务期满考核合格可占编就业，在原岗位落实事业编，按事业单位公开招聘人员对待。

【实践活动】

乡村社会实践调研报告

利用暑假或节假日期间，以小组为单位前往乡村，以乡村为话题，选择与其相关的主题，进行乡村社会实践调研，形成一份有数据支撑、有理论性、有现实性的社会调研报告。

【结果评价】

评价标准	内容	分值	教师评价
规范性	格式符合要求	20分	
科学性	选题具有积极的社会意义	30分	
	报告结构严谨规范,逻辑性强		
	全面如实阐述某个现象或问题		
先进性	创新程度	30分	
	难易程度		
	学术水平		
现实意义	经济效益与社会效益	20分	
	报告中有个人见解或结论		

三、乡村建设的意义

第一,建设社会主义新农村是全面贯彻落实科学发展观的必然要求。科学发展观是以人为本,全面协调可持续的发展观。从科学发展观的核心——以人为本来看,我国是农民占人口大多数的国家,因此,落实科学发展观,坚持以人为本,最重要的就是解决好农民问题,建设社会主义新农村,使农民拥有良好的生活和工作环境;从科学发展观的全面、协调、可持续的中心内容来看,农业是国民经济的基础,但又是国民经济的薄弱环节,农村是我国最辽阔的地域,但又是最穷的地域,因此,建设社会主义新农村,实现城乡协调发展,实现人与自然可持续发展,是科学发展观的题中应有之义。

第二,建设社会主义新农村是我国全面建设小康社会的重要举措。全面建设小康社会的重点和难点都在农村。我国是农村人口占多数的国家,没有农村的全面小康,也就没有全国的全面小康。

第三,建设社会主义新农村是我国构建社会主义和谐社会的重要基础。构建社会主义和谐社会,是广大人民群众的共同愿望。构建和谐社会的基本前提在于各阶层、各群体的利益在变化中协调,收入在稳定中提高,生活在发展中改善。但从我国的实际情况来看,城乡之间、工农之间、地区之间等方面的差距较大,其突出的表现就是:农村相对落后,农民收入相对较低,农业基础相对薄弱。因此国家支持"三农"发展，大力推动乡村建设，可为社会的和谐稳定奠定基础。

第四，建设社会主义新农村也是实现农村全面发展的重要途径。社会主义新农村，是"生产发展、生活宽裕、乡风文明、村容整洁、管理民主"的新农村。也就是说，新农村是农村经济、政治、文化全面发展的农村，是农村"硬件""软件"共同发展的农村，是农村村容村貌与农民精神状态文明进步的农村。通过社会主义新农村建设，可促进城市的基础公共设施和公共服务延伸到农村，形成城乡互动协调发展的长效新机制；解决农民行路难、饮水难、读书难等问题，改善农村生产、生活环境，提高农村公共服务、公共卫生水平，提高农民综合素质，促进农村文明进步，实现农村可持续发展。

【实践活动】

美丽乡村我先行

《美丽乡村我先行》综合实践活动方案设计表				
小组名称：		指导教师：		
组长：	组员：			
活动口号：				
活动周次	活动内容	活动形式	活动地点	活动分工
第（　）周				记录员： 解说员： 整理员： 收集员： 拍摄员： 采访员： 组长：
第（　）周				
第（　）周				
第（　）周				
第（　）周				
第（　）周				

第七章

志愿活动

◀◀◀

　　《中华人民共和国教育法》第五条提到"教育必须与生产劳动相结合"。让教育与生产劳动、社会实践相结合，是马克思主义唯物史观的核心要义。要将劳动教育与大学生社区服务、赛事服务、环境保护、公益宣传相链接，让劳动教育的理念扎根中国大地，带着温度落地，为学生群体内心注入劳动教育向上向善的力量感，从而形成劳动活动项目更佳的体验感，实现同学、师生间的情感黏性，需要用创新性、创造性的劳动，激活学生的内生动力，让"德智体美劳全面发展"和热爱劳动的价值观，为高校的育人工作指明方向。

1.**知识目标**

了解社区服务、赛事服务、环境保护、公益宣传的意义、目的；

了解志愿活动的现实镜像和实施手段。

2.**素质目标**

通过五育并举，以志愿活动真实记录劳动教育的成长轨迹，让劳动教育更有效、更充分地融入思政教育的大格局；

在延续劳动精神的基础上，用创造性、创新性的志愿活动触发同学们敢想、敢做、敢行动。

课堂导入

周末哪里去？一起志愿吧

如果你是一名退休人员，请不要错过这个锻炼身体、充实生活的机会，约上一群要好的老友，迈出矫健的步伐，一起参与我们的公益活动。

如果你是一名上班族，请不要错过这个卸下重负、放松身心的机会，打开双臂，背上行囊，在公益活动中感受生活的美好。

如果你是一名家长，请不要错过这个培养亲情、培育家风的机会，带上子女们加入我们的公益活动，享受难得的幸福亲子时光。

如果你是一名青年，请不要错过这个社会实践、修炼成长的机会，怀着一颗炽热的心，身体力行，收获满满的感动与爱。

不管你做的是复杂的意义重大的事情，还是简单的力所能及的事情，只要你愿意投入时间，我们都欢迎你的加入！公益捐步，做好垃圾分类，参加公益募捐、举办一次爱心义卖、做一次志愿服务，积小善而成大德，志愿就在你无私的奉献里。

志愿活动真的是一件小而美的事情，让行动的意义真实可见。

"周末哪里去？一起做志愿吧"持续进行中，请大家行动起来，志愿其实并不遥远，志愿就在你我的一念之间，让我们一起为爱上色，让善行义举积石成山！

思考：

（1）志愿活动有必要吗？它和劳动教育关系的契合点在哪里？谈一谈你的看法。

（2）你的角色是什么？如何身体力行地参与到志愿活动中去？你最想收获的是什么？

第一节　社区服务

党的十九届四中全会指出"健全社区管理和服务机制，推行网格化管理、服务"的具体要求。社区是最小的活动单元，通过聚焦服务目标、结构化设置活动流程，不断提升个体的劳动意识、劳动技能和自我效能感，形成紧密的互助共同体，从而增强对自身的认同、对社区服务文化圈的认同、凝聚对生活的共同愿景，逐步构建"自组织、自管理"的社区服务模式，引导学生在社区服务实践中受教育、长才干、作贡献。

一、什么是社区服务

（一）定义

社区服务是以"各类社区服务设施为依托，以社区全体居民、驻社区单位为对象，以公共服务、志愿服务、便民利民服务为主要内容，以满足社区居民生活需求、提高社区居民生活质量为目标，党委统一领导、政府主导支持、社会多元参与的服务网络及运行机制"。社区服务是一种自组织、自管理模式，既包括学生社区服务，也包括居民社区公共服务。

（二）特征

（1）社区服务并非完全具有自发性，而是在有标准、有引导、有政策、有组织的背景下，形成一套科学、完备、系统的社区服务体系。

（2）社区服务不是一般意义上的服务产业，区别于经营性的社区服务产业。但公益性是否必然排斥商业性？鉴于社区服务模式的多元化，需要融合公益性和商业性两种属性，呈现两种属性的不同作用状态，继而实现不同向度的社区治理模式效能。

（3）社区服务的参与主体并非少数个体，而是通过延伸手臂、助人自助，从"赋权增能"和"优势视角"理论出发，进行"社区营造"，进而实现自下而上的差序格局人脉网络的形成，从而形成稳定的自治性组织。

社区营造

社区营造是个新词，指"居住在同一地理范围内的居民，持续以集体的行动来处理其共同面对的社区生活议题，解决问题的同时也创造共同的生活福祉，逐渐地，居民彼此之间以及居民与社区环境之间建立起紧密的社会联系的过程"。

社区营造是从社区生活出发，集合各种社会力量与资源，通过社区中人的动员和行动，社区完成自组织、自治理和自发展的过程。

其主要目的是整合"人、文、地、景、产"五大社区发展方向："人"指的是社区居民需求的满足、人际关系的经营和生活福祉的创造；"文"指的是社区共同历史文化的延续，艺文活动的经营以及终身学习等；"地"指的是地理环境的保育与特色发扬，在地性的延续；"产"指的是在地经济与产业活动的集体经营等；"景"指的是社区公共空间的营造、生活环境的永续经营、独特景观的创造等。

二、为什么要进行社区服务

（一）社区服务的意义

（1）从宏观层面看，一个国家治理体系和治理能力现代化，既要观"全局"，又要聚"细节"，既要"致广大"，又需"尽精微"。特别是在疫情大考面前，各方面、各战线、各领域都能迅速发动起来，与疫区同频共振，这是集中力量办大事的制度优势，更是基层治理，特别是以社区为单位的网格化管理大显身手，迸发出的超强威力。大学生们积极响应、身体力行地参与社区服务工作，从摸排"全覆盖"到聚焦"全方位"再到服务"全天候"，在社区筑起了精准防控的坚强堡垒，让社区服务的互助之光、协作之光，照亮人们内心朴素而深刻的劳动价值。

（2）从中观层面看，为适应VUCA时代（复杂、多变、模糊且充满不确定）经济社会发展的外部诉求和培养学生"全人"教育的内在需要，让青年学生在踏踏实实的劳动中体认新时代、融入新时代、投身新时代，勇于实践、积极探索，高校需积极利用人才培养质量工程建设的契机，与社区服务中心合作，加强联合培养，建设学科实践基地，实施"从改革要质量优势和特色"的策略，积极推动"基于项目的导生制"，使理论教学与社区服务实践活动紧密结合，利用不同专业特色的"小杠杆"撬动社区治理的"大格局"，既对学生成长成才提供制度化、个性化、常态化的实践支持和指导，培养知识与能力并重的高素质应用型创新人才，也助力社区公共空间的营造，进而推动社区治理服务的创新，更是高等教育"内涵式"发展的重要目标。

（3）从微观层面看，社区作为人们生活的基本单元，以社区服务为切入点，将"社区营造"的理念植入人才培养、教育教学的全过程。通过学生、导师教练技术、助人自助、增能理论和优势视角，由"输血式"向"自我造血式"转变，在学生社区服务活动中产生多个自下而上、高净值、个性化的思想圈、行动圈、文化圈。通过自我赋能、自我管理、自我迭代，从而形成系统内部自主的"滚动式"学习，逐步形成共同的愿景、共同的目标、共同的行为规范。此外，延伸手臂，贴近实际、贴近生活、贴近学生，聚焦于合作精神和文化氛围的营造，凝聚社区服务意识、培养公共精神，增强学生对社区的归属感，突出学生的主体性作用，激活主体的内生动力，促进校园的和谐稳定。其本质是通过外在社区服务文化环境的营造，使学生拥有一种集"获得、归属、幸福"于一身的深刻内在劳动体验，进一步提高大学生的综合素质。

【实践活动】

我的社区我营造

请围绕"我的社区我营造"，制订一个"小小社区营造师"计划，并在学习生活中执行此计划。（用思维导图更直观、更有逻辑发散性哦）

【过程记录】

计划目标：

计划要点：

计划思路：

计划的可行性评估：

【结果评价】

教师可以参照下表对学生的"小小社区营造师"计划进行评价。

评价项目	评价细则	分数	教师评价
计划主题	计划聚焦主题、有目的、有意义	20分	
计划方案	计划方案逻辑清晰、切实可行	25分	
计划进程	有人力、物力、财力、精力的支持系统 有相应的应急措施	35分	
总结反思	计划有一定的奖励激励机制 总结有一定的提升反馈机制	20分	

（二）社区服务的目标

通过"政策支持、教师引导、社区团体和教练型学生领袖"的介入和动员，以"项目化"方式推进合作，引导学生形成自组织、自管理模式，不断内化为一定的社区文化品牌认同，最终形成一定的信任机制、互惠机制、规范机制和监督机制，让社区服务圈的若干子系统自我管理，鼓励同学们充分发挥主观能动性，用自己的双手和头脑经营社区家园，通过"辛勤劳动、诚实劳动、创造性劳动"，进而由"自治"向"善治"演进，由"自上而下的建设"到"自下而上的生长"，推动可持续发展。

此外，秉着"核心＋开放"的工作理念，在保证社群活动原生态、可控制的基础上，又注入了开放多元的包容性元素，特别是跨专业、跨学科、跨领域的交流合作，在融入结合渗透上下功夫，在落细落小落实上下功夫，打造"小而精、有特色、应用型"的社区服务模式，做到"整体规划、有机更新、模式迭代"，不断地为公共空间创造价值，为美好社区而行动，进而实现"教育资源共享、教育共同体共筑、教育教学活动共联"的目标。

（三）社区服务的建设原则

1.让组织框架清晰化

社区服务组织中的管理成员角色明晰、分工明确，需草拟《学生社区服务自我管理委员会成立工作实施细则》和《学生社区自管会各岗位简介和工作职责》等规范性文件，以 AB 岗的形式，既保证服务的正常运行，也促进人才资源的储备。

为了将上述模块化、标准化的指引落地，需强化组织建设。通过设置"社区营造师"，即"五位一体"的教练型导师（辅导员、班主任、思政课教师等）成长模式和教练型学生领袖"五人成长系统"，构筑社区服务文化矩阵的人力支持系统，促进社区服务育人的全面落地，如图 7-1 和图 7-2 所示。最终达到当社区营造师逐步隐形化时，社区文化活动依旧保持活力，保证社区服务营造的可持续性。

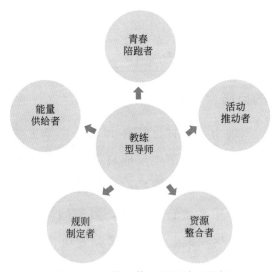

图 7-1 "五位一体"的教练型导师

2.让内容挖掘精细化

瞄准学生在生产劳动、志愿服务、社会实践等方面的成长需求，聚焦大学生内驱力和外驱力两个成长的主动力进行发力，通过线上线下双通道，以社区服务为立足点，打通思想政治教育的"最后一公里"。

运用敏锐的洞察力和转化能力，细分领域、精准对焦，深度挖掘每一个环节、每一领域所蕴含的育人元素和所承载的育人功能，通过社区服务达到四个营造的目的，即社区复合型志愿服务综合体的营造、社区全覆盖实践育人氛围的营造、社区浸染式文化"会客厅"的营造、社区抱团式共同体身份认同的营造。

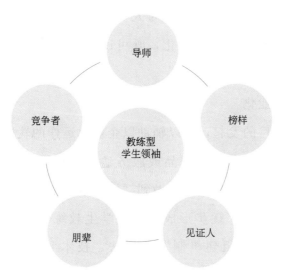

图 7-2　教练型学生领袖"五人成长系统"❶

3. 让思政教育可视化

（1）活动有主题：活动主题需明确，找到聚焦点，形成品牌意识，要关注品牌的角度、影响的广度、专业的深度，即社区服务需立足专业特色，拥有独特的 IP 定位。

（2）成长看得见：输入＋输出，线上＋线下，双渠道贯通，通过"强输出"倒逼"强输入"，将劳动实践的成果纳入第二课堂成绩单制度，让社区服务育人的成长轨迹清晰可见，细化指标、量化结果，最终输出学生个人的劳动教育成绩单。

（3）项目有迭代：通过网络对数据进行采集分析，以"小步快跑、快速迭代"的精益创业的方式进行社区服务活动项目的"验证性"迭代，不断优化过程性设计，形成工作闭环。

（4）服务有跟踪：在第一批同学体验社区服务项目后，需要有针对性地优化活动环节，增强同理心，从而形成用户黏性，不断提升同学们的大局意识、服务

---

❶　参见北京工业大学"指南针"生涯规划工作室.

意识，扩大社区服务活动的影响力。

（5）成效有报告：每一期活动后形成用户体验调查问卷，并做数据分析，评估社区服务活动的成效，作为基础资料进行不断完善并归纳存档。

4. 让活动流程标准化

社区的开放共享性质，决定了参与人员的流动性较大，故可借鉴"社群运营"的手段，将过程标准化、结构化，既可以保障活动质量，也可以形成可复制、可推广的模式。

5. 让组织管理企业化

一项社区服务项目的发起，可以辅助以企业化运作的轨迹做考量，即"目标用户—小范围试验—反馈修改—产品或服务迭代—获得核心认知—用户量的增长"。此运行模式需要"多方协力"，做到"以点带面"，体现"在地参与"，从而不断盘活社区的在地资源，逐步形成一套"学生教练培育技术、志愿者激励机制、民主议事制度、团队组建机制"的方法、技术和工具，构建学生工作新范式。

总之，把有意义的事情做得有意思，让有高度的工作有温度，为有温度的工作想办法。在学生社区服务项目的建设过程中，让学生既是参与者、实践者，更是受益者。通过学生社区服务活动创新，鼓励和倡导学生在理想和现实的夹缝中身体力行地坚持做某种微小的尝试，不断与周边同学、学院、学校建立某种联系，进而共建一个文化认同、情感链接、服务共享、劳动共筑的"社区服务共同体"。

学生公寓共同体

学生公寓共同体最早起源于大栅栏社区营造理论。清华大学社会系的大栅栏社区营造实验团队开展了一场长期的行动社会学实验，通过社区营造培训、微公益创投项目、培育和评估社区社会组织等工作，提升研究对象在某一领域的专长和能力，起到改善社区现状的积极作用，从而形成社区自组织、自治理、自发展，形成社区"共同体"的意识，放射到高校形成学生公寓共同体概念。

（四）社区服务活动项目概览

进一步深耕厚植，精细化挖掘服务育人元素，打造一批有意义、有意思的社区品牌服务项目，创办"美好社区节"，构筑"服务＋文化"的青年社区之家。

1. 心灵港湾

开展 Youth 悦读拾光——7 天共读学习圈活动。社区学生志愿者发起"7 天共读"活动，一本好书，一群书友，一种自发的想要改变的强烈意愿，足以让社区文化共读空间成为守护心灵港湾的一方安静的书桌，让理性、平和、静心、启智浸润心田，也让一对多、多层次、可持续的思政教育成为可能。

2. 艺起青春

社区大舞台，有梦你就来——定期举办社区文艺秀小剧场，给学生提供才艺展示平台，并链接社区居民，加入剧场演出，构建一个共享、共创的社区大舞台。

3. 勤劳改造家

学生社区举办寝室照片墙活动，营造书香宿舍氛围；社区开启"美好行动"的千人大扫除"快闪"活动；跳蚤市场，旧物交换，设置"亲子摊位"进行玩具和闲置物品的分享；"邻居，你好""邻居，干杯"的社区下午茶活动，被激活的社区中正孕育着新的交集。

4. 党建引领＋

党员亮身份、学生党员寝室挂牌、建立"支部同盟"，牢牢构筑"社区党建＋服务"的坚强堡垒。举办"大学生红色文化宣讲团""普法进社区、进基层、进乡村的'三进'活动"等。

5. 社区火种节

可以通过模拟创业过程的体验（寻找伙伴、创意发想、原型打造、项目路演等），激发学生创新精神、创新理念的培养，鼓励学生发现不可能，积极与身边的资源、机会互动，学会在不确定性的风险社会中顺势而为，点亮心中的火种；还可以通过"创业早餐会""梦想加速营""小小科学家""创新小玩意儿"等进阶版创业体验活动，让社区儿童切身体验创新的乐趣，激活创新创业因子，形成浓厚的创新创业文化氛围。

6. 社区微志愿

链接校友资源，推动社会创新，通过发起社区小而美的微志愿、微环保活动，创新社会志愿服务呈现方式，引领互助、共享新风尚。

7. 社区学苑

精准对接社区文化需求，定期举办灵活多样的"专业性＋通识性"滚动式学术沙龙、文化讲堂、健康知识普及等，提升知识迁移能力。

8. 专业特色活动

如法学院利用形象生动的案例，采用单口相声方式，创办形式多样的线上"行走的法律'微'课堂"和线下法律诊所；艺术设计学院设计社区文化长廊、书法国画教学、舞蹈和合唱团训练等，营造浓郁的文化氛围；环境学院科学倡导垃圾分类、建筑学院致力于旧区改造、外国语学院举办社区英语角、师范生进行"朋辈小课堂"学业辅导、亲子关系构建等，让专业转化为能力，让能力提升为素质，进一步吸引青年群体参与社区善治，丰富辖区群众精神文化生活，缓和社区矛盾，激活社区内在活力。

【实践活动】

你所在的学生社区将举办"美好社区节"文创活动，用于营造和谐美好的校园文化氛围。对此，你将如何设计出契合同学们需求的活动项目，以形成一定的辐射力和影响力，最终构建一定的社区文化品牌？和小伙伴们来一场头脑风暴，写下你们的"闪光时刻"吧！

曾厝垵

从城中村到"中国最文艺的渔村"：探索"曾厝垵模式"

曾经脏乱差的"城中村"蜕变成"百姓富、生态美"的"中国最文艺的渔村"，"城中村"转型升级、创新社会治理的"曾厝垵模式"正在逐渐完善。

改变以往城中村改造"拆旧建新"的做法，思明区启动了"闽南古厝再生"计划，采用共建共管的方式对闽南古厝进行保护性修缮，对文创村中的名人轶事等进行深入挖掘，成功打造了曾厝垵村史馆"渔村时光空间"、展示"蔡复一历史名人文化"的渔村文化馆"金门大赞"等，留住了闽南文化的精髓。

这种由民间推动进行古厝文物保护，政府最后进行评定奖励的模式无疑是"共同缔造"理念在曾厝垵的生动实践。

曾厝垵通过"整体规划、有机更新、社区再造"的方式，既保护了原生态的渔村历史风貌，又注入了开放多元的创意新功能。

三、开展社区服务的路径探索

（一）做好"主体转换"

下力气聆听学生的声音、基层的声音，把"带着学生实践"转变为"师生一起共学共研"，在增进亲近感、信赖感的同时，还需拿捏好亦师亦友的分寸和尺度，掌握好教育管理服务的快慢思维，在社区服务的过程中，让思政教育的"盐分"自然而深入地溶解到学生的理想信念当中，内化为学生的思想品格，外化为学生的实践活动，润物无声。

（二）植入"用户思维"

根据服务项目第一阶段"天使用户"的调研反馈，转化推进思路，不是我们"给什么"，而是学生、社区群众"要什么"，不断对接需求、迭代活动版本。进一步整合发起单位的"资源清单"、社区服务的"项目清单"，学生、社区群体的"需求清单"，从路径到方法再到实施进行自洽和对接，促进多元主体的参与，实现外部环境的持续优化和内部治理能力的不断提升，这是一个相对的、动态的过程。

（三）制造"文化场景"

拟开展以"美好社区节"文化创意 show 为主题的系列活动，制造一些外部具化的文化场景，给青年朋友们提供可参与、可体验的渠道，比如社区音乐节、涂鸦、市集、宿舍创意全家福等，扩大曝光度和参与度。学生社区文化建设的最终落脚点是重建人与人、人与环境的和谐共生共享，营造共同的精神文化家园，让社区服务的文化理念深入人心，有温度，更盼可持续。

（四）树立"品牌意识"

社区服务文化圈所含的子系统需深耕厚植，打造特色 IP，在学生群体具有一定的可识别度，并形成系列文化创意产品，线上线下推介（活动文化册汇编、布袋、LOGO等），汇聚力量，形成一定的影响力。

（五）打通"关节桎梏"

打通关节的前提需要聚合力量，思政教育是做人的工作，故而需要下大力气关照"人"的内心深处，洞察人心，聚集群体力量，发挥朋辈领航和教师引导的作用，通过"立场、观点、场景、角色、情感等"的营造，为参与群体内心注入"无惧痛点，抱团取暖"的向上向善的力量感，从而形成活动项目更佳的体验感，增加社区同学间的情感黏性。

通过社区服务进行社区文化圈的营造，对于教练型教师和教练型学生领袖来说，是以一种"融入、渗入、潜入"的方式，通过"教"＋"练"有机融合，在尊重学生成长规律的前提下，体现时代性、把握规律性、赋予创造性，促进学生工作者育人水平的提高，构筑"师生共成长"的协同发展模式；对于参与学生来说，学生社区文化圈，触发同学们对生活的爱意和柔情，改变生活的习惯和方式，增长生命的智慧和能力，以一种更加健康、平和、挺拔的姿态，学会感恩、协作、思考、行动和具有社会责任，提高社区服务质量，为校园注入更多向上向善的精神文化力量。

第二节　赛事服务

课程引入

打造最美"中国名片"

作为志愿者，无论是在台前还是幕后，无论是迎来送往还是默默值守，都可以在这场青春盛会中展现自己的风采。希望志愿者们能弘扬奥林匹克精神和志愿服务精神，热情参与、真情奉献，提供细致周到的服务，积极传播中华文化、讲好中国故事，用青春的激情打造最美的"中国名片"，促进中国梦和各国人民的梦相通相融，共同为人类和平与发展的崇高事业作出贡献。

随着国家经济发展以及开放程度的不断提高，为进一步扩大区域、城市、学校等地的知名度，承办大型赛事活动逐渐成为潮流席卷而来。当代大型赛事已成为国家、区域、城市乃至高校全情参与、全力提升形象的重要举措。从2008年的北京奥运会、残奥会到2010年的广州亚运会、亚残运会，再到持续至今的广州国际马拉松赛，以及各类大学生科技竞赛，中国大学生群体志愿服务实现了跨越式发展，志愿者精神也通过大型赛事服务得到传播和弘扬。志愿者不仅仅是赛场上一道靓丽的风景线，更是保障赛事顺利进展的不可或缺的重要角色。本节将从赛事服务概述、赛事服务主要特点以及赛事服务基本流程三个部分介绍赛事服务开展的主要过程和具体问题。

一、赛事服务概述

　　赛事服务广义上是指对各类竞赛活动的服务工作，属于志愿活动的重要范畴；狭义上是指在比赛开展前动员、组织志愿者参加赛事活动的筹备、管理、运行等各项工作，从而确保赛事活动的顺利开展。[1] 具体而言，赛事服务是指协助主办方为持票观众、参赛人员以及注册人员等提供各项服务的计划和管理，使管理工作和服务效益最大化地满足广大参赛者和观众等人的比赛体验感。志愿服务作为社会文明的标志之一，已成为各类大型赛事顺利举办的重要保障。[2]

　　根据赛事内容，常见的大学生赛事服务可分为创业商业类、艺术爱好类、游戏动漫类、科技创新类、公益广告类、学科竞赛类、体育竞技类等。其中体育竞技类赛事服务的活动对象多为大规模的赛事活动包括国际性的综合型体育赛事和单项的体育赛事，如奥运会、大学生运动会、篮球联赛等志愿服务项目。近些年，随着国家科教兴国战略和创新驱动发展战略的广泛实施，为提升人才培养质量，推进高等教育的综合改革，科技创新类、创业商业类赛事服务已成为大学生群体中最具代表性的赛事服务项目。常见的赛事服务内容有"挑战杯"全国大学生课外学术科技作品竞赛、"挑战杯"中国大学生创业计划竞赛、中国"互联网＋"大学生创新创业大赛等。

　　根据岗位要求，赛事服务通常分为接待组、竞赛组、综合组、宣传组等，主要涉及礼宾接待、语言翻译、交通运输、安全保卫、医疗卫生、观众指引、物品

---

❶　张晓红.大型活动志愿服务 ［M］.北京：中国人民大学出版社，2019.
❷　林晓姿.全国性定向赛事服务模式研究 ［D］.北京：中国地质大学，2019.

分发、沟通联络、竞赛组织支持、场馆运行支持、新闻运行支持、文化活动组织支持等工作领域。通过赛事服务，可以让大学生在参与志愿活动的过程中理解并践行志愿服务精神，自觉将志愿服务精神作为个人行为准则之一，从而提高思想道德素质，推动全社会范围内良好社会道德风尚的提升，为社会主义精神文明建设提供道德支持。❶

自豪时尚的一代

"看到了吗？全部运动员真的戴着'志愿彩'进场啦。"在亚运会开幕式现场，亚组委志愿者部宣传策划研究办主任王健平兴奋地给好友"群发"信息，火红的"志愿彩"与璀璨的烟花交相呼应，全球 20 亿电视观众分享了那一刻的亚运激情。"志愿彩"之后，志愿礼、助威操、志愿歌、志愿者徽章等一系列与志愿文化息息相关的时尚产品相继开发并推向市场，吸引了越来越多的市民特别是青少年热情参与到志愿服务中。

在广州人流最密集的上下九步行街，亚运城市志愿者服务站点——新生活驿站点缀在古色古香的骑楼群中，浑然一体又醒目抢眼。6 平方米的"西关小屋"透着浓浓的岭南民间建筑特色，具有浓厚的广府风情。亚运期间，广州共有 600 个这样的"西关小屋"在运行，成为广州志愿服务的一道靓丽风景。

亚运赛会 16 天，徐洁明第一次见到了女儿林苑。徐洁明觉得女儿林苑变了，变得有主见，懂事了，还会关心别人了。实际上，自从女儿当上亚运志愿者，这些变化就在女儿身上一点点地发生着。在亚运会上，有很多像林苑这样的"90后"志愿者，在一些人眼中，他们还只是孩子，可在这场盛大的运动会上，他们已经开始用自己的热情，招待远道而来的客人；学着用自己年轻的肩膀，承担一个个责任，"大拇指一代"正在历练中成长、成熟。

1987 年，广州市开通全国第一条志愿者服务热线电话——"中学生心声热线"，拉开了中国志愿服务事业的序幕。此后，1990 年的北京亚运会，以青年学生为主体的志愿服务持续开展。2008 年北京奥运会的成功举办，一群"80后"年轻人娴熟的

❶ 张晓红.论志愿服务教育［M］.北京：人民出版社.2017.

国际化专业服务，赢得了"鸟巢一代"的美称。继而，上海世博会上的"海宝一代"悄然亮相，热情稚嫩可爱的模样下，彰显包容兼具、乐观向上的魅力。

如今，亚运志愿者从幕后走向台前接受褒奖时，务实又勇于担当的"大拇指一代"横空出世了，他们是自主、自信、自强、自豪的"绿羊羊"。❶

二、赛事服务主要特点

赛事服务与所有志愿服务相同，具有自愿性、无偿性、公益性、组织性等主要特点。除此之外，赛事活动自身具有参与范围广、社会影响力大以及彰显区域形象等特征，使得赛事服务具有以下特点。

（一）服务队伍规模大

通常所见的赛事活动，特别是一些由国际组织、国家级、省级政府职能部门主办的重要赛事，由于赛程周期长、赛事安排复杂、参赛人员众多、比赛场地范围较大，因此志愿服务队伍的规模普遍较大。以 2010 年的广州亚运会为例，赛会期间，共有 9 万名赛事志愿者、50 万名城市志愿者、80 万名社会治安志愿者，广泛分布在 53 个竞赛场馆、11 个非竞赛场馆、17 个独立训练场馆和 500 个城市志愿服务站（点）、各交通路口、交通站场、公园景区及 12 个区（县级市）的街道、社区，志愿者们在赛场内外的各个环节、各个角落提供了热情周到、耐心细致的服务，充分彰显了广大亚运会志愿者参与、支持、服务、奉献亚运会的信心与决心。可见，高规格、高质量的赛事活动必然离不开大规模的赛事志愿服务者队伍。

（二）组织管理专业化、精细化、信息化

与普通的志愿服务不同，赛事服务的内容是竞技活动，服务的对象多为来自不同地区、不同身份的高素质参赛者或其他参赛人员。由于竞技活动本身具有结果的不确定性，加上赛事活动的规模较大，因此在赛事志愿服务中更强调严谨的志愿服务态度。专业化的组织管理模式、精细化的分工安排以及信息化的志愿服务平台是当前大型赛事志愿服务开展的重要依托。一场高质量的赛事服务离不开计划缜密、安排合理、指导专业的志愿者工作规划，专业化、精细化的组织管理可以有效地指导赛事服务的总体推进。同时，随着全民志愿时代的到来，志愿服务正在全国如火如荼地开展起来。志愿服务团队的增多，让普通人有了更多的机

---

❶ 载自《中国青年报》，2011-01-14。

会，参与到志愿服务的奉献中来。而信息化建设，既让我们知道了哪里需要"志愿者"，更让我们知道了志愿者应该如何行为处事。应当说，志愿服务平台和志愿信息的规范化和制度化，让志愿服务越来越人人可为、触手可及。

志愿改变未来——广东"i志愿"平台

为适应志愿服务事业的快速发展，团广东省委联合广东省文明办、广东省志愿者联合会等单位开发建设广东志愿者信息管理服务平台（以下简称"i志愿"平台）。"i志愿"平台按照全国首个志愿服务领域行业标准——《志愿服务信息系统基本规范》（MZ/T 061—2015）开发建设，涵盖网站、手机APP、轻应用、微信城市服务和支付宝城市服务等应用载体，基础功能是志愿者实名注册、服务活动报名、服务时长记录，在此基础上推动人员、组织、活动的供需对接，实现志愿服务全过程一体化、流程化的在线服务管理，为民众、志愿者和志愿服务组织提供便捷的使用体验。截至2020年6月，平台累计注册志愿者超过1258万人，志愿服务时长56000多万小时，充分践行了"让爱心流动——你为他人服务，社会为你回馈的"全民志愿服务理念。

（三）服务影响力深远

高规格赛事服务的影响力主要有两个方面：一方面，是指对承办方所在区域形象以及发展有显著提升作用；另一方面，可以推进志愿服务的前进式发展。作为对我国志愿服务有里程碑意义的2008年北京奥运会志愿服务，不仅为北京的城市建设、生态保护、交通设施以及生活环境带来巨大的改变，有专家指出，奥运会带给中国的间接影响可总结为以下八点：经济增长、社会凝聚力提升、文化广泛传播、科技奥运理念创新、国家形象全面提升、公民保护环境意识显著提高、跨区域合作能力改善以及基础设施改善和现代化进程提速。同时，奥运会的志愿服务也为中国志愿服务事业带来前所未有的机遇。社会公众对志愿者的认同度大幅提升，民众自愿加入奥运会志愿队伍的热情高涨，"微笑北京，志愿奥运"的口号响彻奥运赛场。志愿服务受到大众的广泛关注后，也将获得社会的全力支持。奥运会后，围绕奥运会志愿服务的筹办工作，共青团北京市委、北京志愿者协会等相关部门开展了多种形式的志愿服务活动，为北京市的志愿服务事业发展

创造了良好契机。^❶

（四）服务质量要求高

由于赛事活动广受关注，且影响力深远，因此相较于其他志愿活动，赛事服务对志愿者有更高的要求。志愿者自身素质方面，要具备更强的责任心、大局观和团队协作意识；在志愿者招募时对其适应能力、组织能力、语言表达能力、危机处理能力的考察都有更高的要求；在志愿者培训过程中，要更加侧重对专业化服务水平的提升和优秀志愿者形象的塑造。因此，赛事服务流程的规范化操作就显得尤为重要。

三、赛事服务基本流程

赛事活动的举办是一项复杂的系统工程，需要多方人员协调各类资源统筹推进。为保障赛事的顺利开展，赛事服务各个环节的贯通必须精心筹备、精益求精。而面对需求更加项目化、多类型的赛事活动，志愿者提供的服务也要从"小"入手，在细节上下功夫。无论是大型的国际体育赛事，还是校园的文体、科创竞赛，志愿服务都需渗透到各种小细节、小场景当中，真正让每一个需要服务的人受益。

（一）赛事服务策划与宣传

赛事志愿服务策划与宣传是赛事总体进程中的首要环节。全面、具体而又明确工作运行方案对系统性统领赛事志愿服务起着重要作用。赛事活动中将由常设型、临时组建型、委托外包型的组织机构负责运行方案的策划，通过前期赛事项目的调研与对往期赛事案例的分析进行志愿服务的方案设计。通常而言，运行方案包含活动概述、指导思想、目标任务、志愿者类型、工作内容、推进计划、组织领导以及政策体系等主要内容，翔实、具体、有序地指导志愿服务的开展。

赛事志愿服务需要通过强有力的动员与宣传获得人力、物力、财力支持，提升志愿者服务意识。同时，为弘扬志愿者精神，展现志愿者无私奉献的精神面貌，提升全民参与志愿的意愿，要充分利用新媒体平台进行志愿服务的新闻报道、文化建设和文化推广，对赛事志愿服务的权威信息、志愿者风采等进行主题宣传，营造志愿活动的参与氛围，进一步激发全社会参与志愿服务的热情。

---

❶　张晓红，等.大型活动志愿服务的组织与管理［M］.北京：中国青年出版社，2014.

拓展阅读

2019 广州马拉松志愿者 DV 大赛

2019 广州马拉松赛于 12 月 8 日举办，赛会期间共有来自 14 个高校和社会团体的 6200 名志愿者服务广州马拉松赛事。为全面展现 2019 广州马拉松赛志愿者的风采，组委会志愿者部举办了 2019 广州马拉松赛志愿者 DV 大赛，鼓励志愿者从自己的视角去发现 2019 广州马拉松赛过程中志愿者的真与美，记录志愿者为赛事付出的点点滴滴，并创作出优秀的视频作品，为赛事留下丰富而宝贵的视频资料。通过 DV 大赛，让"奉献、友爱、互助、进步"的志愿服务精神在羊城大地传播。

（二）赛事服务志愿者招募

志愿者招募工作是赛事服务的基础，志愿者队伍的规模、凝聚力和奉献精神将直接决定志愿服务的质量和赛事运行的顺利程度。高校一直是各类赛事志愿者的主要来源地，大学生群体也是大型赛事志愿者的生力军和主力军。此外，为拓宽志愿者招募渠道，充分挖掘社会人力资源，多数大型赛事面向社会居民群体以及企事业单位，招募一定数量、符合要求的赛会志愿者。

志愿者的招募形式一般有以下几种：第一，公开性的社会招募，指通过新媒体、报纸、电视等各类宣传媒介公开向社会大众进行志愿者招募；第二，集中性的组织招募，常用于政府高度重视的赛事活动的组织工作，利用政府的权威性推动志愿者的招募；第三，定向招募，指根据志愿者的特殊岗位需求，有针对性地对相关专业学生、从业人员开展的招募，保证志愿者服务的专业化。志愿者可根据以上几种招募方式，按相关要求进行报名。赛会组织机构将通过材料审核、组织面试、培训考核、背景审核、岗位确认、签署协议、发出录用通知几个环节完成志愿者选拔与录用工作。

拓展阅读

2019 年广东省实验技能大赛志愿者招募部分面试题

1.请用 30 秒的时间进行简短的自我介绍。

2.请问你有过志愿者的经历吗？如果有，请简单介绍。

3.在志愿服务活动中，需要我们的志愿者无私地付出，没有任何回报，你怎么看待这个问题呢？

4.你报名参加此次志愿活动是出于什么考虑呢？

5.如果活动当天你临时有事情且与志愿服务时间发生冲突，你会怎么处理？

6.如果请你为大赛宣传，你主要会选择什么方式呢？

7.如果你不知道选手或游客向你询问的道路方向，你会怎么做？

如果选手或游客要求你为他带路，你会怎么做？（若回答离开岗位则判低分）

8.如果现场出现拥挤和喧哗，你会以什么形式安抚他们的情绪？

（三）赛事服务志愿者培训

赛事服务志愿者培训是指由志愿组织机构或相关个人，根据赛事目标和志愿者的岗位需要，通过线上和线下的教育、培养和训练，提高志愿者的知识技能并改善其价值观、工作态度与行为方式，使他们能在工作岗位上胜任或称职。❶ 志愿者培训内容主要有通用培训、岗位培训（专业培训）、场馆培训。通用培训是对赛事概况、主办方所在区域文化、志愿者服务知识和技能、礼仪规范、团队精神拓展训练以及医学常识和急救技能的培训，培训针对全体志愿者广泛开展；岗位培训是针对志愿者岗位而开展的专业要求所应掌握的相关专业知识和技能，例如参赛者心理调适、通用英语培训以及宣传报道培训等；场馆培训是对场馆功能、场内比赛相关知识、内部设施、组织架构、规章制度的普及，通常采用实地考察的方式对志愿者进行讲解。为了解培训的有效性，培训后通常设有考核，一方面可以让志愿者对整个培训过程进行评价和总结，另一方面有助于完善培训评估和反馈机制，为日后开展新的培训提供重要的实践参考。

（四）赛事服务运行

赛事服务运行是指赛事活动正式开始后的志愿服务，是整个赛事服务的核心环节。为保障赛事的顺利开展，赛事服务通常遵循以下原则。

第一，岗位明晰，层级联动原则。通过建立多层工作指挥体系，逐级落实工作任务，切实做好志愿者的上岗、考勤、轮休、评价等管理工作，努力做到指挥有力、反应灵敏、行动迅速、信息顺畅、配合默契、保障有力。

---

❶ 张晓红，等.大型活动志愿服务的组织与管理［M］.北京：中国青年出版社，2014.

第二，随时反馈，动态调控原则。各岗位应设有指定的负责人，与相关部门的联络员对接，根据岗位职责和现场的各类突发情况，及时提供准确的运行信息，时刻对赛场工作安排进行动态调控。

　　第三，通力合作，以人为本原则。作为复杂系统工程的赛事活动，各岗位志愿服务人员虽分工明确、职责具体清晰，但面对一场庞大的赛事，需要各地职能部门、主办方、承办方、志愿者工作部门、场馆运行团队、志愿者各岗位间紧密联系，统一思想，高度配合。同时，面对自愿参与志愿服务的无私的志愿者们，要充分践行以人为本的原则，做好志愿者后勤保障工作。

（五）赛事服务激励与成果反馈

　　赛事结束后，为表彰优秀志愿者，进一步发扬志愿文化，赛组委通常会设立志愿者表彰环节。志愿者的激励表彰以精神鼓励为主，激发志愿者的内在热情，保持志愿者较高的工作积极性，使志愿者获得有价值、令人愉快的工作经历。主要实施以服务时间和服务效果为基本依据的普遍激励。开设志愿者维权热线和心理热线，切实维护志愿者合法权益。对作出突出贡献、表现优异的志愿者集体、个人以及志愿服务项目给予特别奖励。❶

　　此外，在赛事服务过程中还应注意收集各类资料，包括志愿工作运行安排、培训资料、志愿者风采、志愿者事迹、心得与总结等，并对志愿服务过程中的亮点与不足及时进行整理与归纳，形成文字性成果，有助于推动赛事志愿服务的规范化、科学化发展，进而提升赛事服务的专业化水平。

第三节　环境保护

　　仰望夜空，繁星闪烁，地球是全人类赖以生存的唯一家园。我们要像保护自己的眼睛一样保护生态环境，像对待生命一样对待生态环境，同筑生态文明之基，同走绿色发展之路！

---

❶　史媛.社区教育志愿者激励现状与对策研究 ［J］.教育教学论坛，2017（26）：41-42.

建设美丽家园是人类的共同梦想，我们应该追求携手合作应对。面对生态环境挑战，人类是一荣俱荣、一损俱损的命运共同体，没有哪个国家能独善其身。唯有携手合作，我们才能有效应对气候变化、海洋污染、生物保护等全球性环境问题，实现联合国 2030 年可持续发展目标。只有并肩同行，才能让绿色发展理念深入人心、全球生态文明之路行稳致远。

人与自然和谐相处是人类社会生存和发展的永恒命题。随着工业革命的推进，人类掠夺自然资源的程度不断加深，环境问题不断显现，威胁着人类的居住条件和生存空间。十八大以来，党中央、国务院高度重视生态文明建设，先后出台了一系列重大决策部署，推动生态文明建设取得了重大进展和积极成效。生态文明建设是中国特色社会主义事业的重要内容，关系人民福祉，关乎民族未来，事关"两个一百年"奋斗目标和中华民族伟大复兴中国梦的实现。本节将从常见的环境问题入手，介绍大学生践行绿色生活以及绿色校园理念的志愿活动。

一、环境保护概论

环境（environment）是指人类生存的空间及其中可以直接或间接影响人类生活和发展的各种自然因素。[1]《中华人民共和国环境保护法》对环境的定义为：影响人类生存和发展的各种天然的和经过人工改造的自然因素的总体，包括大气、水、海洋、土地、矿藏、森林、草原、野生生物、自然遗迹、人文遗迹、自然保护区、风景名胜区、城市和乡村等。环境既包括以空气、水、土地、植物、动物等为内容的物质因素，也包括以观念、制度、行为准则等为内容的非物质因素；既包括自然因素，也包括社会因素；既包括非生命体形式，也包括生命体形式。按照环境的属性，通常可分为未经人的加工和改造的自然环境（natural environment）、在自然环境的基础上经过人的加工和改造的人工环境（artificial environment）以及由人与人之间各种社会关系所形成的社会环境（social environment）。[2] 一般而言，环境保护的对象是指未经加工的、天然的、人类赖以生存的自然环境。

---

[1]　陈德第，李轴，库桂生.国防经济大辞典［M］.北京：军事科学出版社.2001：443.
[2]　刘芃岩.环境保护概论［M］.北京：化学工业出版社.2020.

（一）环境问题

1. 环境问题的产生

原始社会时期，人类多以天然食物和动物为食，作为自然物的采集者，对自然环境的破坏微乎其微。随着蒸汽机的诞生，工业革命如火如荼地展开，人类的生产力得到了质的提升，同时，人类利用和改造自然的能力也大幅增强。工业急速发展的代价是自然环境遭到破坏，蒸汽机对空气污染的影响很快就改变了环境中的物质循环系统。1873 年至 1892 年，伦敦多次发生"烟雾事件"，造成至少4000 人死亡。20 世纪 80 年代后，由于环境状况的急剧恶劣和大范围的生态破坏，大气污染，森林、草场退化，核污染事故层出不穷，缓解人与自然环境的紧张关系已迫在眉睫。

2. 常见的环境问题

迄今为止，常见的威胁人类生存的环境问题主要有：

（1）大气污染（air pollution）

大气污染是由于人类活动或自然过程引起悬浮颗粒物、硫氧化物、臭氧、一氧化碳、二氧化碳、铅等物质进入大气中，呈现出足够的浓度，达到足够的时间，并因此危害了人体的舒适、健康和福利或环境的现象。❶ 大气污染常见于自然污染源，如火山喷发、森林火灾等自然现象形成的污染源和由人类生产活动方式造成的污染源，如煤炭燃烧、石油化工产品的排放物以及工矿企业排放的氯气、金属蒸气或硫化氢等特殊气体。大气污染对人体健康、动植物的生存和气候都有重要影响。

（2）温室效应（greenhouse effect）

温室效应是指大气中的温室气体，如二氧化碳、甲烷、氟氯氢等，通过对长波辐射的吸收而阻止地表热能耗散，大气中的温室气体就像一层厚厚的玻璃，使地球变成了一个大暖房，从而导致地面温度升高。温室效应会造成全球变暖，致使南北极等地冰川融化，严重破坏生态平衡，威胁生物的生存环境。

（3）淡水资源危机（the crisis of fresh water resource）

相对于海水，地球上可用于人类生产、生存的淡水资源极其有限。由于水污

---

❶ 《环境科学大辞典》编委会.环境科学大辞典（修订版）［M］.北京：中国环境科学出版社，2008.

染和水资源浪费等情况的频繁发生，加之我国南北水域分布不均，我国有近五分之三的城市长期处于缺水状态，世界范围内更是如此，这给人类的生存带来严峻挑战。

（4）资源和能源短缺（the shortage of resource and energy）

人类对自然资源的无止境开发和掠夺，使得石油、煤、水利、核能等资源和能源短缺成为全世界范围内的普遍环境问题。当前的资源和能源存储量远不及人类的需求量，长此以往，人类将面临资源和能源枯竭的窘境。

（5）垃圾围城（the garbage rounds city）

随着城市化进程的日益加快，伴随而来的是城市规模的不断扩大，人们的生活越来越便利，城市生活垃圾的危害也不断地暴露出来。当前，垃圾处理能力远远不及垃圾的产生速度，特别是忽略垃圾分类而造成的资源浪费、环境污染、无处消纳等问题，对自然环境造成的危害极大。垃圾围城已成为当今世界各国面临的棘手环境问题。

（6）海洋污染（ocean pollution，marine pollution）

海洋资源是地球的重要资源，而人类活动范围急速扩增导致海洋生态环境发生巨大变化。如人类活动造成近海区氮和磷的增加，过量的营养物质导致沿海藻类大量生长，破坏了红树林、珊瑚礁、海草生长地，致使相关食物链的生物数量锐减。此外，原油泄漏、垃圾漂浮、化学物污染等造成的海洋污染，和对海洋资源的过度开发，都将使海洋生态环境面临巨大的挑战。

除上述常见环境问题外，人类还将面临臭氧层空洞、酸雨、森林锐减、土地荒漠化、生物多样性锐减、有毒化学品污染、危险废物越境转移等众多环境问题。❶

（二）环境保护举措

"绿水青山就是金山银山"，面对日益严峻的环境问题，人类必须主动作为，严抓、严管、严控、严厉打击破坏环境的行为，广泛开展环境教育和志愿宣传，使环保意识深入人心，从各方面提升环境治理能力。

1.强化环境管理与监测

环境管理是指在开展环境保护工作的过程中，充分调动人力、物力、财力以

---

❶ 刘芃岩.环境保护概论［M］.北京：化学工业出版社.2020.

实现资源的合理整合与配置，保证环境保护工作的高效开展。环境监测是指运用科学方法和手段，对影响环境质量因素的代表值的测定，从而确定环境质量（或污染程度）及变化规律。通过环境监测，可以有效侦测环境问题，对造成环境问题的潜在因素及时进行研判，降低环境污染带来的危害。

2. 提升法律强制约束力

1989 年，我国第一部《中华人民共和国环境保护法》（以下简称《环境保护法》）公布。2014 年 4 月 24 日，新修订的《环境保护法》开始实施。25 年间的第一次修改，是针对目前我国严峻环境现实的一记重拳，是在环境保护领域内的重大制度建设，对于环保工作以及整个环境质量的提升都将产生重要的作用。新的《环境保护法》倡导"保护优先、预防为主、综合治理、公众参与、损害担责的原则"，突出强调政府责任，进一步完善环境管理、防治污染和其他公害的制度，通过法律的强制力约束公民行为，切实保护和改善环境，推进生态文明建设。

世界环境日

1972 年 6 月 5 日，联合国在瑞典首都斯德哥尔摩召开《联合国人类环境会议》，会议通过了《人类环境宣言》，并提出将每年的 6 月 5 日定为"世界环境日"。同年 10 月，第 27 届联合国大会通过决议接受了该建议。世界环境日的确立，反映了世界各国人民对环境问题的认识和态度，表达了我们人类对美好环境的向往和追求。世界环境日，是联合国促进全球环境意识、提高政府对环境问题的注意并采取行动的主要媒介之一。《中华人民共和国环境保护法》第十二条中规定每年 6 月 5 日为环境日。通过立法的形式确定法定环境日，提高全社会的环境保护意识，增强每一个单位、公民对环境保护的社会责任感，激发大家积极参与环境保护志愿活动的热情，从而促进我国环境保护事业的发展。

3. 加强环保宣传教育

为使环境保护意识内化于心、外化于行，各级各类教育行政部门、学校深入开展环境教育，广泛开展环境保护志愿活动，特别是动员作为国家发展生力军的大学生群体，深入群众、社区，开展环境保护法律法规、环境保护知识的宣传与科普，营造全民参与保护环境的良好氛围，实现人与自然和谐共生的美好愿景。

二、环境保护志愿活动

《环境保护法》规定："一切单位和个人都有保护环境的义务……公民应当增强环境保护意识，采取低碳、节俭的生活方式，自觉履行环境保护义务。"为响应国家号召，自觉履行环境保护的公民义务，共建美好家园，大批志愿者投身环境保护工作，为推进生态文明建设贡献青春力量。

（一）绿色生活新时尚——垃圾分类

垃圾分类是社会文明水平的一个重要体现，是一种"新时尚"。2019 年 9 月，为深入贯彻落实关于垃圾分类工作的重要指示精神，推动全国公共机构做好生活垃圾分类工作，国家机关事务管理局印发通知，公布《公共机构生活垃圾分类工作评价参考标准》，并就进一步推进有关工作提出要求。垃圾分类可以有效解决垃圾围城问题，从而减少环境污染、节省土地资源、促进资源的循环利用、推进城市可持续发展。

（二）绿色校园新追求——校园环境保护

环境保护要从身边做起，从日常做起，从自觉维护校园环境做起。净化、绿化、美化、亮化的校园环境是学生生活、学习的基础，对于陶冶师生情操，促进学生德智体美劳全面发展有着十分重要的意义。

1. 室内外卫生清洁

室内外卫生清洁是校园美化工作的基础任务。要认真做好室内卫生清洁工作，保持办公室、实验室和学生宿舍内的地面、桌面、台面的洁净卫生，并及时清理室内垃圾杂物和防止积水，做到无灰尘、无蛛网、无垃圾、无杂物，物品摆放整齐；要开展室外环境卫生专门整治行动，做好校园道路、绿地、广场、楼道、厕所等公共场所的卫生保洁工作，清理乱堆乱放现象，消灭卫生死角。此外，我们要自觉维护良好的校园环境，不乱扔杂物，不乱倒垃圾，不乱贴非法广告，共同努力营造雅洁、舒适、文明、祥和的校园环境。

2. 倡导校园低碳行动

校园低碳行动是指在当前全民低碳行动的背景下，校园内应该进行的一种生活模式。它是指在校园内发动学校的一切人员参与的以降低二氧化碳的排放为目标的行动。当今的全民低碳行动在中国进行得红红火火，一些以低碳为中心的生活方式和理念已经被广大的公民接受并且付诸行动。低碳就是拯救我们的地球和我们的生存环境。常见的校园低碳行动内容有：骑自行车出行，为空课室关灯，绿色旅游，少食外卖，环保护林，节水节电等。

3. 预防各类疾病

校园中人员聚集，极易爆发和传播各类传染病，因此要认真贯彻"预防为主、综合防御"的工作方针，广泛开展预防各类传染病知识的宣传和教育。学生应注意个人卫生与宿舍卫生的整洁；适当增强户外活动，加强体育锻炼，提高自身对疾病的抵抗力。

4. 校园环境保护志愿活动

校园环境保护是学校志愿活动中最为常见的志愿服务项目。为创造洁净的校园环境，营造浓厚的校园文化氛围，守护校园"精神家园"，学校会定期组织开展各类校园环境美化志愿活动，如清扫校道、卫生死角清洁、图书馆清洁、教室"牛皮癣"清洁、单车助摆等活动，旨在增强同学们的环保意识，提升环境保护能力。环境保护要从身边的小事做起，服务他人，传播正能量，在志愿服务精神的引领下，共同建设美丽校园环境。

拓展阅读

广东工业大学土木与交通工程学院：清洁"牛皮癣"，美化校园环境

为了美化校园环境，为同学们提供一个良好的学习环境，增强当代大学生对雷锋精神及志愿服务精神的深刻理解，广东工业大学土木与交通工程学院青年志愿者协会和团委紧密合作，于3月9日在大学城校区开展了主题为"清洁牛皮癣，美化校园环境"的志愿服务活动。

开学伊始，校园"牛皮癣"疯狂蔓延之势不容忽视，清理校园内到处乱贴的小广告已经迫在眉睫。活动当天，全体志愿者在天桥集中，分配好任务后兵分四路对学校教学区、东区生活区、西区生活区和天桥底这四个"牛皮癣"重灾区进行了清理活动。志愿者们三五成队，带着水桶、抹布、清洁刷等工具，认真地清理着墙上的"牛皮癣"，把每个角落贴的各式各样的广告清除掉。面

对无比顽固的"牛皮癣",志愿者们不但没有怨声载道,反而干得热火朝天。于是,在积极热情的志愿者们的辛勤劳动下,校园逐渐焕发出昔日整洁的面貌。

第四节　公益宣传

公益宣传,是高校宣传思想工作的一项重要内容,是落实"知行思"有效贯通的载体,也是实践育人导向下的有效输出路径。2010 年《国家中长期教育改革和发展规划(2010—2020)》要求"鼓励学生积极参与志愿服务和公益事业"。2016 年《中长期青年发展规划(2016—2025)》明确"鼓励青年大学生积极参与社会公共服务和社会公益事业"。

鼓励学生积极参与力所能及的志愿服务和公益事业,事关党对高校的领导,事关全面贯彻党的劳动教育方针,要做到规范化统筹、品牌化培育、常态化宣传、项目化管理、信息化运作,对于巩固共同的思想道德基础,具有重大而深远的意义。

一、大学生公益活动的基本释意与发展脉络

大学生公益活动是指大学生自愿参与或组织的,以助益社会、服务他人、增进福祉为目的的公益行为。❶ 大学生公益行为取向则包括对社会公益活动的认知和理解、对社会公益性质的判断和诉求的生成,以及产生的行为成效。同时,公益愿景、制度激励和自我禀赋、公益精神和人文素养、社会主义核心价值观认知都会对大学生公益行为有着较复杂的影响。❷ 回溯公益宣传的演进史发现,高校公益活动研究起步较晚,自 2008 年汶川地震后,逐步开启了公益宣传的转型之路。公益宣传与劳动教育和社会实践相结合,与工学一体的工作机制建构相结

❶ 张宁,王冰.公益孵化与公益报道:青年公益领袖成长的影响要素研究 [J].青年探索,2016(06):27~32.

❷ 张小进.社会公益合作供给中公民参与行为选择与制度设计——基于公民参与的实证分析 [J].国家行政学院学报,2014(01):28~33.

合，与高校思想政治教育的功能走向相结合等，让公益宣传与不同的领域、背景、旨趣从浅表化吻合到深度化融合，并出现"非政治公共领域"多元素交融、演进与派生的新动向，这是社会传播学的理论逻辑、发展转型期中国公益宣传的实践逻辑、经济社会发展形态嬗变的历史逻辑和宣传纪录片的媒介逻辑的多重因素推动。

赋权增能理论

"增能"一词是社会福利界的用语，由 empowerment 翻译而来，又可以译作"充权"或"赋权"，意思是让人有更大、更多的责任感，有能力去做自己应该做的事。"增能"一词的使用可以追溯到 20 世纪 70 年代，当时美国哥伦比亚大学学者 Solomon 提出对被歧视的美国非洲裔黑人增能的工作，从而把增能注入了社会工作，甚至社区工作的议程。20 世纪 90 年代以来，增能已经成为社会工作领域提倡的重要价值观念和工作模式之一。

增能是个人在与他人及环境的积极互动过程中，获得更大的对生活空间的掌控能力和自信心，以及促进环境资源和机会的运用，以进一步帮助个人获得更多能力的过程。

优势视角理论

优势视角是指"社会工作者所应该做的一切，在某种程度上要立足于发现、寻求、探索及利用案主的优势和资源，协助他们达到自己的目标，实现他们的梦想，并面对他们生命中的挫折和不幸，抗拒社会主流的控制。这一视角强调人类精神的内在智慧，强调即便是最可怜的、被社会遗弃的人都具有内在的转变能力"。概括地说，"优势视角"就是着眼于个人的优势，以利用和开发人的潜能为出发点，协助其从挫折和不幸的逆境中挣脱出来，最终达到其目标、实现其理想的一种思维方式和工作办法。

二、大学生公益宣传的基本向度

（一）理论建构向度

赋权增能理论：赋权增能是一个双向互动概念，我们在给同伴赋能的同时，自己也在增能，这就是一个正向循环，即公益宣传的最佳平衡状态是公益宣传者与受众的双向成长。在公益宣传中，不仅个人能动性可得到最大程度的发挥，在多主体参与协作的场景下，培育尊重差异性基础上的共识，还可最大程度保证公益宣传活动的活力。

优势视角理论：公益宣传活动的发展是一个有机体，和"人"的因素有很强的关联性，有其自然的公益文化生态发展路径、脉络。公益宣传行动要做的就是"剪枝修苗"，通过自律和他律的紧密结合，通过一个紧密的公益宣传共同体氛围的营造，让学生将自身潜在的活力迸发出来，逐步形成公益行动的原动力，从而增强对自身的认同、对公益宣传的认同和对美好生活的愿景。

（二）价值认同向度

价值是客体之于主体的效应体现，故需要将公益宣传置于主客体的双向互动中，才能科学理解理论指导下实践的价值走向。根据社区治理研究发现，中国是个"能人社会"，需要透过"能人"关系网的动员、激励，形成核心凝聚力，树立良好的社会正向示范效应。在此背景下，高校通过教育引导，触发更多敢想、敢做、敢创的特色公益行动，对项目活动进行外在化的总结呈现，就会产生宣传、推广的辐射效应，进而产生公益实施主体的"能人效应"，吸引更多同学参与到公益志愿服务活动中，实现正向价值认同的传导。

（三）行动规则向度

公益宣传需要以行动为取向，其中蕴含的规则就像一根线，串起每一位致力于公益宣传创新的个体，其行动在规则的边界中不断地与资源、人脉进行互动，进而形成一个稳固的社区公益文化共同体，通过公益动员，不断辐射带动更多同学，用最积极的心态、最有力的行动，身体力行地参与到社会公益事业中，用直抵人心的公益力量带给我们心灵的滋养，这份善意和勇气，足以让我们拥抱生活的意外和惊喜。

通过上述基本向度的扁平化、可操作化及评价尺度的多维化，主动寻找劳动教育渗透于公益宣传的结合点，折射出二者有机结合的价值链的衍生和价值中心的可迁移，强化对公益项目成果的普及和传播。公益宣传基本向度的"涟漪模式"如图 7-3 所示。

图 7-3　公益宣传基本向度的"涟漪模式"

经典案例

疫情下的公益宣传，需要态度，更需要温度

1. 方太和胜加

温情诠释十八年的战略合作友谊

方太和胜加，两家合作了 18 年的中国企业，因为突如其来的疫情，原定年初的周年活动取消了，所有员工和全中国的人一样，被"困"在家里。但是，胜加与方太依然想做点什么，想给员工和社会赶走头上的阴霾。

始于厨房的友谊，胜加和方太 18 年的默契不是说说而已。两家企业发动了自己的用户、员工、朋友，在家拍摄他们下厨做饭的视频，配以简单的音乐，用这些在厨房热气腾腾准备美食的片段，为所有人鼓气加油。

2. 每日优鲜致敬《我们的英雄》

展现品牌责任和担当

在疫情阴霾的笼罩下，我们的生活也发生了变化。2020 年刚开始，对抗疫情、减少出门、在家隔离成为最常说的话。每日优鲜在这段时间里，记录了"空城北京"正在发生的，以及这些"平凡坚守者"正在经历的，拍摄了一个纪录短片，以致敬我们的英雄。

这类公益宣传向观众展示了企业强大的号召力与奋战抗疫的家国情怀，更好地诠释了大国品牌背后所赋予的意义与责任。眼下，短视频红利期正当头，公益宣传既符合当前大众关注的热点话题，又可以顺带积累流量与品牌口碑。再结合互联网持续深化的传播扩散，预计将收获十分不错的成效。

三、加强和改进劳动教育背景下公益宣传工作的主要任务

（一）坚定理想信念

通过公益宣传，更好地了解国情，以踏踏实实的劳动，公益助人的氛围，传递出热爱劳动、热爱生活的态度，不断激发广大青年学生积极投身公益宣传事业的巨大热情，把爱国情、强国志、报国行融入脚踏实地的奋斗当中，凝聚起同心共筑中国梦的强大精神力量。

（二）壮大主流思想舆论

公益宣传作为高校宣传思想工作的一项重要内容，肩负着学习宣传马克思主义，培育和弘扬社会主义核心价值观的重要任务，对于加强高校意识形态阵地建设，牢牢把握高校意识形态工作的话语权具有重大意义。通过管好导向、管好阵地、管好队伍，不断做大做强正面宣传，帮助学生树立正确的国家观、民族观、历史观、文化观，学会用马克思主义的立场、观点、方法审视问题，增强明辨是非的能力。

（三）推动文化的传承创新

建设具有当代特色、体现时代需求的公益文化，培育和弘扬公益精神，打造既有理论高度，又有实践温度的公益宣传文创产品，以公益宣传"进教材、进课堂、进头脑"为主线，通过形式多样的媒介推广和活动宣讲，把高校建设成公益文化宣传的示范区和辐射源，不断增强高校宣传文化软实力。

（四）立足学生全面发展

"五育"并举的实现，不仅仅靠课堂专业知识的学习，更需要将所学、所知、所得投入到鲜活的社会公益实践中。缺乏扎实的专业基础，公益宣传就缺少了持续发展的驱动力；反之，缺乏公益宣传的实践出口，理论学习就无法实现内化。公益宣传将"脑力、眼力、笔力、脚力"融合一体，需要态度，更需要温度。身体力行地丈量着公益宣传的广度、升华为公益宣传的高度、最终凝

聚着公益宣传的温度平稳着陆，内化为大学生的思想品格，外化为他们的实践行动。

【探究与分享】

你参与过公益宣传活动吗？在平时的学习生活中是否有机会和渠道参与其中？你希望在公益宣传中承担什么样的角色？你期待这样的角色定位可以带给你什么样的改变？

四、劳动教育与公益宣传相结合的思路设计

公益宣传，作为公益活动和志愿服务的输出窗口，在"做中学"和"学中做"中，手脑并用、学思结合，通过对项目体验成果开展有目的、有计划的宣传推介，创新呈现方式，改变输出媒介，激活学生的内生动力，逐步形成54321模式的公益宣传文化矩阵，如图7-4所示。

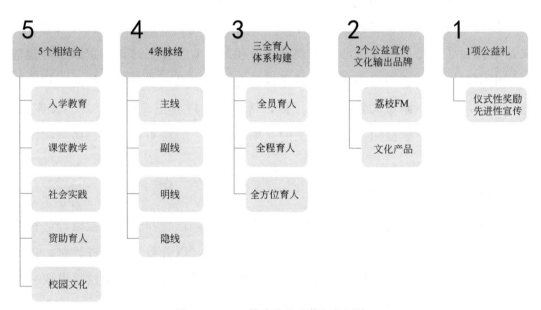

图 7-4　54321 模式公益宣传文化矩阵

5个相结合：与入学教育相结合、与课堂教学相结合、与社会实践相结合、与资助育人相结合、与校园文化相结合，在贯穿、结合、融入中，对公益宣传的理念和价值进行全链条植入和全过程渗透。

4条脉络：一主一副：以"做准对象化分析"为主，以"做细对策性建议"为副；一明一隐：以"强化教育的感受性"为明，以"深化感受的教育性"为

隐。即"副"和"隐"并非不重要，而是承担"隐性"的育人角色，更要注重于细微之处密切关注关怀学生群体、社会群体，邀约同学们通过润物无声的志愿帮扶、成果推介，照亮心灵、启迪心智，在落细、落小、落实上下功夫。

三全育人体系构建：努力构建"全员育人、全程育人、全方位育人"的工作格局。通过搭建育人平台，联动班主任、任课老师、研究生导师、家长、创新创业校外指导专家等，共同守好一段渠、种好责任田，形成协同育人效应。

2个公益宣传文化输出品牌：①荔枝 FM 阅读分享汇《我把公益行"说"给你听》分享活动；抖音、B 站公益视频展播。②公益宣传创意文化产品（如带 LOGO 的杯子、笔记本、布袋、公益宣传案例编辑成册等）。

1项公益礼：对公益活动进行积分打卡，给予年终积分排前的同学以"仪式性"奖励，并授予相应的荣誉称号，作为先进代表进行先进事迹宣传。

通过构建 54321 模式的公益宣传文化矩阵，把握学生成长发展的需要，融入感官视觉、思想意识、文化内涵的熏陶，宣传"多媒介"、撬动"多角度"、服务"多层面"、体验"全方位"，让同学们在公益宣传中有参与感、获得感、归属感、价值感，在助人自助中滋养心灵、涵育品行。

五、劳动教育与公益宣传相结合的发展路径

（一）健全劳动实践组织

随着高等教育内涵式发展，劳动教育和公益宣传的结合需优化外部供给，增强优质供给力，公益宣传活动需从单一、固化、局部等初级要素向知识、技术、数据、管理服务水平等高级要素迭代升级。建立专兼结合、以专为主的劳动实践组织体，聘请专家学者、全国劳模、大国工匠等兼任外聘专家，造就一支政治坚定、学养深厚、有重要影响的劳动实践育人导帅团，并通过一定的激励机制、考核机制、评聘机制，保持队伍的相对稳定。借鉴国外工作经验，打造公益宣传的真实化场景、支持情境建构系统等，确保公益宣传"线下"有内容，"线上"有灵魂，全员"全覆盖"，做到从学生中来，到学生中去，让每一名学生都能树立起"劳动最光荣"的观念，形成"自己的事情自己做，他人的事情帮着做，公益的事情争着做"，学习劳动技能、养成劳动习惯、热爱劳动人们，在公益宣传的劳动中感受快乐、体悟人生、磨炼意志。

在各公益宣传组织的文化圈中，通过媒体的融合和联盟，扩大公益宣传的覆

盖面。在宣传广度层面，通过横向与社会媒体进行信息互动、共享，扩大辐射范围，增强活动宣传的社会影响力。在传播深度方面，通过纵向链接，形成基于"项目"的宣传联盟，在与其他组织的深度合作中，进一步加深对公益宣传理解的深刻性和科学性。

（二）创新劳动发展模式

1. 以劳动为导向的优势发展模式

当代青年处在具有易变性、不确定性、复杂性、模糊性特征的"VOCA"时代，当代大学生是新技术拥趸、刷屏狂人、嗨点自热，劳动教育也需乘着技术红利的东风，借力打力、借势成势，激活内在基因，善于把握契机，构建公益宣传新生态。聚焦参与者的个人需求，赋予其更多自我实现的可能性，将宣传工作的传统优势与互联网等新兴载体相链接，以跳出传统的宣传工作套路，从内容、形式、载体、方法等方面因时而化、因事而新，比如公益行动手绘手账、公益日志vlog等，使其自身的潜力、知识、能力得到最大化的开发，找到其自身的能力生长点，并因势利导，善于与周边的环境、资源进行积极互动，协助公益活动对象目标达成，实现双主体的进步和成长。

2. 以关系为纽带的带动发展模式

基于对大学生公益宣传行为动机相关要素的考察分析，公益宣传行为是在一定的公益活动认知、内部需求、合理归因、外在呈现等多重因素的激发下产生的策略选择，这种选择必然存在于一个相对完整的生态系统，其有效性取决于宣传者与受众能否与周围环境实施有效互动，从而凸显了建立紧密的人际支持带动系统的重要性。比如公益宣传组可形成临时党支部，以支部为核心，以普通学生为主体；以形式创新谋发展，以共创共享促和谐；以对象接受的多元性为突破口，打造"公益＋"网络宣传e平台；以关照人的内在需要为切入点，实现三变，即公益宣传参与群体由"加法"变"乘法"，发展模式由"发散"变"聚合"，运行方式由"封闭"变"共享"，通过多样化、新颖化的呈现，强化大学生公益理念和价值观的存留度。

3. 以成果为导向的撬动发展模式

随着社交碎片化、新闻视频化、信息精微化和个性定制化的外部环境发展，出现"对象化细分对策性"的问题，必然要求劳动教育和公益宣传的结合点需以成果为"定"向，并在"做准对象化分析、做精分众化研究、做细对策性建议"上落细、落小、落实。这里的"定"是指公益宣传的成果可能是有形和无形的兼具，但是确定的、客观的、具象化的、不以人的意志为转移的。通过文献检索、实践调查、数据分析等，以设计符合劳动教育和公益宣传特点的成果评价方式，对实施效果进行多维评价，以综合性的定性分析修正、完善定量决策，实现公益宣传的价值撬动。

（三）构建劳动实践路径

1. 观念育人的路径

观念育人是构建劳动实践路径的基础和前提。有了社会主义核心价值观这把总钥匙，就可以在正误、主次、真假、善恶中做出正确的价值判断和价值选择。在公益宣传过程中，坚持育人导向，突出价值观引领。全面统筹各领域、各方面、各环节的育人资源和育人力量，培育公益精神、实行"全人"教育，推动知识传授、能力培养与理想信念、价值理念、道德观念的有机融合，建立系统化观念育人长效机制。

2. 实践育人的路径

"格物致知"来源于《礼记·大学》，意思是"推究事物的原理法则而总结为理性知识。"这个推究、考察的过程就深刻体现了实践育人的观念。公益宣传与公益服务、社会实践活动所蕴含的精神内核是一致的，都体现了理论教育和实践养成的相结合。通过整合公益活动资源，强化项目式管理，搭建多元化传播平台，不断完善支持机制，教育引导学生在公益宣传项目的亲身实践中，树立家国情怀。

3. 服务育人的路径

在公益宣传活动中，把握对象化的发展需要，不断增强服务育人的供给力，强化公益文化的理解力、感悟力，强化服务对象的同理心，提供精准化的靶向服务。同时，只有扎根社区、深度挖掘、体验式学习，才能为深度服务提供有效的条件保障。需要沉下心来，扎扎实实做好公益宣传的调查研究工作，只有在深度接触和实践的基础上才能掌握一手资料，进一步缩短二者间的心理距离，不仅为积极帮助解决能力范围内的合理诉求提供了现实化路径，也为公益宣传提供了鲜活的素材。

总之，公益宣传让青年大学生了解国情、社情、民情，是一次深度洞见学生内在需求的见证机会，解决了思政教育的"最后一公里"的落地问题。它带来的不仅仅是一些有价值的公益宣传文化空间的构建，也不仅仅是增强供给能力的思政服务育人的质量提升，更是从优化外部供给到关照内在需求寻求的一个交融、共促的思政工作着力点，由"大水漫灌"向"精准滴灌"的育人思路转变，由"输血式"向"造血式"跨越的重要一环，不断触发人们对公共领域和公共利益的自觉认同，也为公益宣传的可持续、纵深化、多维度提供了可能。

【实践活动】

如何策划一场公益宣传活动？

现如今，公益宣传活动开展得如火如荼，有的做得风生水起，有的参与度却极低。如何策划好一场公益宣传活动呢？我们需要从敲定活动主题、细化活动流程、盘算活动物资、启动宣传窗口等多方面综合考量。围绕一个活动主题，和小组同学一起策划一场针对性强、涉及面广、影响力大的公益宣传活动，实现共创、共享、共成长。

【过程记录】

制定活动主题：

编写活动方案：

准备活动物资：

开启活动进程：

做好过程记录：

启动宣传窗口：

进行全面总结：

【活动评价】

教师可以参照下表对学生的公益宣传活动进行评价。

评价项目	评价细则	分值	教师评价
活动主题	结合热点,主题聚焦 具有一定的目的性	10分	
活动方案	包括时间、地点、人物和流程 流程为主体部分,包括事前准备、事中进程和保障措施	25分	
活动物资	包括联动的部门、企业、人员及需要的物资类型等	5分	
活动进程	严格执行活动方案,确保活动效果 具有应对突发事件的紧急措施	25分	
过程记录	包括视频、音频、图片和文字记录等	5分	
宣传推广	传统媒体和新媒体同步宣传	20分	
总结反思	语言流畅,观点鲜明 具有一定的归纳总结能力和反思力	10分	

案例篇

第八章

生活技能案例

第一节 大学生停课上"劳动课"，你怎么看？

大学生轮流停课一周打扫校园卫生？

大学生停课一周打扫卫生，听起来是不是有点奇怪？去年，太原师范学院让学生停课去打扫校园卫生的事情引起了众多网友的关注。学校为什么这样要求？所有学生都要参加吗？这样做会不会影响上课进度？让我们一起来了解具体情况。

实际上，太原师范学院从 2017 年 9 月开始开设"劳动课"。根据学校安排，大一和大二的同学需参加定期的校园卫生打扫，这并不是"停课"，而是劳动课程的实践环节，并且记入学分。学生们每天上"劳动课"的时间是上午 7 点到 11 点，下午 1 点半到 5 点，中间可以灵活休息，7 天为一个周期。同学们以班级为单位，由负责保洁工作的环卫师傅担任带队老师，学习清扫技巧和清洁标准，分组进行扫地、清洁墙体、擦垃圾桶等劳动任务。学校专门制定了严格的劳动课考核标准，例如请假超过 2 天需重修，工具丢失、相互打闹扣除 0.1 分，提前签到、早退扣除 0.1 分等，如果考核成绩合格，学生就能拿到学分。这一劳动课程的设置也受到了同学们的积极响应。虽然比坐在教室里上课辛苦，但让同学们"既体验了劳动，又能为学校的美好环境贡献一份力量"。

而据环卫师傅反馈，上过"劳动课"的学生很少乱扔垃圾，可见这门劳动课程能很好地帮助学生树立环保意识。学校开设劳动课的初衷，正是为了遏止部分学生乱扔垃圾的情况，同时也让同学们能亲身体验一下环卫工人的辛苦。同学们通过参与劳动课，能有效养成保护环境的良好意识和行为习惯，也能提升爱校如家的校园情怀。

第二节　垃圾分类，人人参与

案例 8-1　校园垃圾分类，从我做起

为进一步提高学校垃圾处理减量化、资源化、无害化水平，广东工业大学对垃圾分类进行全面推广。在校园生活区学生宿舍宣传栏张贴了垃圾分类宣传广告；在学生饭堂、校医院、教工饭堂及教工宿舍安放了可回收垃圾（废纸、塑料、玻璃、金属和布料五大类）、有害垃圾（废电池、废日光灯管、废水银温度计、过期药品等）和厨余垃圾（剩菜剩饭、骨头、菜根菜叶、果皮等食品类废物）三种类别的垃圾桶；在校园内校道上安放了100多组可回收垃圾和其他垃圾（砖瓦陶瓷、渣土、卫生间废纸、纸巾等难以回收的废弃物）两种类别的垃圾桶，以方便广大师生投放各种生活垃圾。

为进一步提升校园环境、减少环境负担、合理处理校园垃圾，也为强化广大师生的节约意识、推进节约型校园建设、促进校园生态文明建设，特提出以下倡议：

1.全校师生要确立"关爱环境从自我做起"的理念，关心人类生存环境变化，强化节能减排意识，养成良好的卫生行为习惯。

2.将垃圾等进行分类回收，努力做到：投放前，纸类应尽量叠放整齐，避免揉团；瓶罐类物品应尽可能将容器内产品用尽、清理干净后投放；厨余垃圾应做到袋装、密闭投放，投放时，应按垃圾分类标志的提示，分别投放到指定的地点和容器中；玻璃类物品应小心轻放，以免破损。投放后，应注意盖好容器上盖，以免垃圾污染周围环境，滋生蚊蝇。

3.倡导少使用一次性用品，少使用塑料袋，尽量少产生垃圾，特别是不易分解和有毒有害垃圾。

案例 8-2　广东工业大学印制《广东工业大学校园生活垃圾分类指引》

《广州市生活垃圾分类管理条例》于2018年7月1日正式施行。该条例是广州市人大常委会对生活垃圾分类的立法,不仅是对广州市生活垃圾分类多年实践经验的总结,同时完善了垃圾分类制度措施、创新了体制机制,对生活垃圾的全程管理做出了明确具体的规定,形成了统一完整、协同高效的生活垃圾分类处理全过程运行系统,为全国城市解决垃圾分类治理这个大难题提供了生动的"广州样本"。

为了更好地学习条例,理解广州市生活垃圾分类工作的政策制度、分类流程、责任义务等相关内容,从而提高生活垃圾分类的执行力,我们组织编写了这本小册子,供学习参考。希望激励更多的人遵守垃圾分类相关法律法规,在源头减少产生或不产生垃圾,并通过分类投放、分类收集、分类运输、分类处理和回收利用使之重新变成资源,实现生活垃圾的减量化、无害化、资源化,减少日常生活对环境造成的损害。

01

二、生活垃圾分类政策法规

国务院《生活垃圾分类制度实施方案》

2017年3月30日,国务院办公厅发布关于转发国家发展改革委、住房城乡建设部发布《生活垃圾分类制度实施方案》。

提出到2020年底,实施强制分类的重点城市,生活垃圾分类收集覆盖率达到90%以上,生活垃圾回收利用率达到35%以上。

《广东省城乡生活垃圾处理条例》

《广东省城乡生活垃圾处理条例》已在广东省第十二届人民代表大会常务委员会讨论通过,自2016年1月1日起施行。

为了规范城乡生活垃圾处理,控制污染,保护环境,根据《中华人民共和国固体废物污染环境防治法》和《城市市容和环境卫生管理条例》等有关法律、行政法规,结合本省实际,制定本条例。本条例适用于本省行政区域内城乡生活垃圾的清扫、分类、收集、运输、处置等活动。

《广州市生活垃圾分类管理条例》

《广州市生活垃圾分类管理条例》已在2017年12月27日广州市第十五届人民代表大会常务委员会第十一次会议通过,2018年3月30日广东省第十三届人民代表大会常务委员会第二次会议通过。自2018年7月1日起施行。

《广东工业大学进一步推进生活垃圾分类工作实施方案》

《广东工业大学进一步推进生活垃圾分类工作实施方案》已在校内发文,自2019年5月31日起实施。方案提出全面推行我校生活垃圾分类工作,对校内所有单位、场所产生的生活垃圾实现准确分类投放、暂存,并与各类垃圾清运、回收单位按分类进行有效衔接。

05

三、什么是生活垃圾

人们在日常生活中或者为日常生活提供服务的活动中产生的固体废物以及法律、行政法规规定视为生活垃圾的固体废物。

四、生活垃圾的类别

生活垃圾主要分为四类：可回收物、餐厨垃圾、有害垃圾、其他垃圾。

此四类为基本分类，每一类可再细分，随着回收利用和处理处置技术发展，各种垃圾的归类也将适当调整。

五、生活垃圾的图标图示

可回收物 Recyclable waste　　玻璃类　木废类　金属类　塑料类　废纸类　织物类

餐厨垃圾 Food scrap　　骨骼内脏　菜梗菜叶　瓜皮　果壳　剩兔　剩菜剩饭

有害垃圾 Harmful waste　　废杀虫　废墨盒　废温度计　容器药品　荧光灯管　杀虫剂

其他垃圾 Other waste　　纸巾　烟蒂　一次性干电池　陶瓷制品　一次性用品　清扫尘土

六、生活垃圾分类容器标识

可回收物收集容器为蓝色，餐厨垃圾收集容器为绿色，有害垃圾收集容器为红色，其他垃圾收集容器颜色为灰色。

可回收物 Recyclable waste　　餐厨垃圾 Food scrap　　有害垃圾 Harmful waste　　其他垃圾 Other waste

可回收物 Recyclable waste　　餐厨垃圾 Food scrap　　有害垃圾 Harmful waste　　其他垃圾 Other waste

七、生活垃圾分类卡通形象

生活垃圾分类卡通形象取名"木棉花开"，以广州市市花——木棉花为设计原型，融入活泼生动的设计理念，创作出"木木"、"棉棉"、"花花"、"开开" 四兄弟形象，展现木棉柔和、阳光、坚韧形象，并分别配以蓝、绿、红、灰四种颜色寓意垃圾分类收集标识，非常符合推行生活垃圾分类的理念。

木木　　棉棉　　花花　　开开

案例篇

八、生活垃圾分类投放方法

分类原则：

能卖拿去卖，有害单独放，干湿要分开。

能卖拿去卖
玻璃类　木制类　金属类　塑料类　废纸类　织物类

有害单独放
废电池　废墨盒　废温度计　药瓶药品　废荧光灯管　杀虫剂

干湿要分开
骨骼内脏　瓜壳果核　蛋壳　菜叶　畜禽　厨房剩饭
纸巾　烟蒂　一次性干电池　陶瓷制品　一次性用品　猫狗便土

▶10

① 可回收物

产生的可回收物，如报纸、杂志、饮料瓶（罐）等应当投放在可回收物收集容器，或联系再生资源回收人员上门回收。

纸类：

废报纸、旧书本、纸箱、图书、杂志、台历、传单广告纸、包装纸、包装盒、卷纸纸芯等。

注：报纸叠放整齐、纸箱展开压平叠整齐投放。

11◀

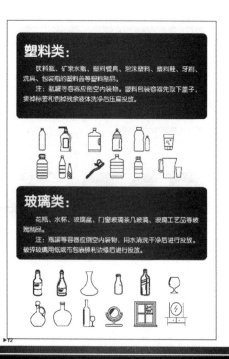

塑料类：

饮料瓶、矿泉水瓶、塑料餐具、泡沫塑料、塑料鞋、牙刷、洗具、包装瓶的塑料盖等塑料制品。

注：瓶罐等容器应倒空内装物。塑料包装容器先取下盖子，撕掉标签和倒掉残余液体洗净后压扁投放。

玻璃类：

花瓶、水杯、玻璃盆、门窗玻璃茶几玻璃、玻璃工艺品等玻璃制品。

注：瓶罐等容器应倒空内装物，用水清洗干净后进行投放。破碎的玻璃用纸或布包裹锋利边缘后进行投放。

▶12

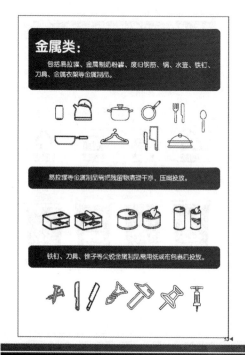

金属类：

包括易拉罐、金属制奶粉罐、废旧钢筋、锅、水壶、铁钉、刀具、金属衣架等金属制品。

易拉罐等金属制品需把残留物清理干净，压扁投放。

铁钉、刀具、锥子等尖锐金属制品需用纸或布包裹后投放。

13◀

纺织物类：

包括废衣服、废布料、废窗帘、废床单、废毛巾、毛绒玩具等纺织制品。

废旧衣服较新的可清洗干净后捐赠他人、较旧的最好投放。

木竹类：

包括沙发、床、椅、地板、树干、包装框架等木竹类制品。

注：如果是大件物品按大件垃圾预约资源回收站或收运服务企业上门收集。小件或易拆分的可自行拆分后直接投放。

---

2 餐厨垃圾

产生的餐厨垃圾，如菜叶、瓜果皮、剩饭桑菜等，应当投放至餐厨垃圾收集容器。

如米饭、面食、蔬菜残余、果皮及水果残余、蛋壳、残羹剩渣、肉类、鱼虾类等，以及茶渣、果皮、食物残渣等。

注：汤渣、剩菜应沥干水分后投放。

榴莲壳、玉米棒、大骨等不易腐烂，应按其他垃圾投放。

---

3 有害垃圾

产生的有害垃圾，如废纽扣电池、废灯管、弃置药品等，应当投放至有害垃圾收集容器。

包括废蓄电池、废充电电池、废扣式电池、废节能灯、废荧光灯管、弃置药品、废溶剂（容器）、（机油）容器、油漆桶、墨盒、胶卷等。

注：一次性锌锰碱性干电池属于其他垃圾；手机电池等充电电池属于有害垃圾；废节能灯、废荧光灯管应保持完好、无破损投放。易碎物品应用纸巾布包裹好，压力罐等不得挤压。

---

4 其他垃圾

难以区分属性的垃圾和有机不易腐的垃圾属于其他垃圾。

如受污染的纸袋、塑料袋、废旧纺织品，一次性纸尿布、卫生纸、湿纸巾、烟蒂、贝壳、大块骨头、植物硬壳（如榴莲壳）、清扫渣土、陶瓷碗碟等。

注：厨房里产生的或污染的纸巾、一次性用品、塑料袋、食品包装袋属于其他垃圾；难以区分属性的垃圾可投放到其他垃圾桶。

大件垃圾

产生的大件垃圾，如废弃的床、床垫、沙发、办公桌椅、茶几、衣柜书柜、健身器材等，可自行到指定投放点投放，或与服务企业协商上门收集。

土培绿色植物

家庭废弃的土培绿色植物，应土、盆、植物分离，培养土可重复利用或用于小区绿化，植物作为其他垃圾投放，盆按类别投放。

九. 相关名词解释

固体废物

固体废物是指在生产、生活和其他活动中产生的丧失原有利用价值或者虽未丧失利用价值但被抛弃或者放弃的固态、半固态和置于容器中的气态的物品、物质以及法律、行政法规规定纳入固体废物管理的物品、物质。除生活垃圾产生的固体废物，还包括建筑废物、工业废物、医疗废物、动物尸体、危险废物等。

减量化

减量化是指减少固体废物的产生量和排放量。

资源化

资源化是指采取管理和工艺措施从固体废物中回收物质和能源，加速物质和能量的循环，创造经济价值和广泛的技术方法。

无害化

无害化是指对已产生又无法或暂时尚不能综合利用的固体废物，经过物理、化学或生物方法，进行对环境无害或低危害的安全处理、处置，达到废物的消毒、解毒或稳定化，以防止并减少固体废物的污染危害。

可回收物

可回收物是指适宜回收和可循环再利用的物品。

餐厨垃圾

餐厨垃圾是指餐饮垃圾、废弃食用油脂、家庭厨余垃圾以及废弃的蔬菜、瓜果等有机易腐垃圾。

有害垃圾

有害垃圾是指对人体健康或者自然环境造成直接或者潜在危害的物质。

其他垃圾

其他垃圾是指除可回收物、有害垃圾、餐厨垃圾以外的混杂、难以分类的生活垃圾。

再生资源

再生资源是指在社会生产和生活消费过程中产生的，已经失去原有全部或者部分使用价值，经过回收、加工处理，能够重新获得使用价值的各种废弃物，包括生活垃圾中的可回收物。

低值可回收物

低值可回收物是指本身具有一定循环利用价值，在垃圾投放过程中容易混入其他类别生活垃圾，单纯依靠市场调节难以有效回收，需要经过规模化回收处理才能够重新获得循环使用价值的废玻璃类、废木质类、废塑料类等固体废物。

废弃食用油脂

废弃食用油脂是指在食品生产经营过程中产生的不符合食品安全标准的动植物油脂、从餐饮垃圾中提炼的油脂，以及含油脂废水经油水分离器或隔油池分离处理后产生的油脂。

厨余垃圾

厨余垃圾是指居民在家庭中产生的菜帮菜叶、瓜果皮核、剩饭剩菜、废弃食物等易腐性垃圾。

餐饮垃圾

餐饮垃圾是指餐饮垃圾产生者在食品生产经营活动中产生的食物残余、食品加工废料、过期食品等。

餐饮垃圾产生者

餐饮垃圾产生者是指通过即时加工制作、商业销售和服务性劳动等手段，向消费者提供食品的食品经营者，包括餐馆、小食店、快餐店、食堂及提供食品消费的商场、超市等。

▶22

十一、我校实施生活垃圾分类近期主要工作安排（具体以通知为准）

一、加强和完善二级单位实施垃圾分类的机制建设，推进绿色环保教育进课堂，强调党团引领；

二、完善我校生活垃圾分类指引手册，加强宣传、学习和教育培训，开展相关校园文化活动；

三、进一步科学规划，推进互联网+智能垃圾分类整体解决方案，包括专业队伍建设、学习管理、减量管理、容器配置和管理、投放指引、监督管理、精准投放、分类收集和清运等，利用大数据手段进行分析、统计及考核通报；

四、推进学生在宿舍区域进行生活垃圾下楼（在一楼）分类投放；

五、广东工业大学二级单位实施生活垃圾分类考核标准（试行）

一级指标	二级指标	指标内容	备注
A 机制建设 25分	A1 组织管理 5分	1.成立生活垃圾分类管理工作领导机构，主要负责人任组长，明确联络管理专人员。 2.建立生活垃圾分类管理指导员队伍，开展常态化服务。 3.生活垃圾分类指标志愿者认证。	
	A2 工作方案 5分	1.编制生活垃圾分类管理指导思想明确、目标清晰。 2.编制生活垃圾分类管理实施方案，方案具有可操作性。 3.实施步骤具体、任务分工明确。	
	A3 制度建设 5分	1.有完善的生活垃圾分类管理工作制度。 2.领导机构和职责明确，各参与部门和人员任务清晰、职责明确，突出党团引领。 3.建立生活垃圾分类工作台账。	
	A4 经费保障 5分	有专项经费预算和安排。	
	A5 宣传教育 5分	开展生活垃圾分类的学习、教育和培训，师生积极参与。	

▶24

一级指标	二级指标	指标内容	备注
B 硬件建设 25分	B1 分类垃圾桶配置 10分	办公室按规定配备标志清晰的分类垃圾桶，容量合适，点位设置科学合理。	
	B2 桶站存放 15分	可回收物、餐厨垃圾、有害垃圾、其他垃圾按规定分类存放。	
C 教育宣传与实践 7.5分	C1 教育实践 10分	1.把生态文明、生活垃圾回收内容与学校新生入学和毕业教育、素质教育、思想教育结合，注重在学生日常思想教育工作中融入垃圾分类内容。 2.每学年至少组织一次以生态文明教育和生活垃圾分类为主题的宣传教育活动。 3.有关于节约资源、垃圾分类的论文、活动方案设计等。 4.在重要节日等重要纪念日开展节约的资源、垃圾分类等内容为主题的活动。 5.参加学校及省、市、区（自治市）及社区垃圾分类活动。	
	C2 宣传活动 9分	1.生活垃圾分类宣传氛围浓厚、形式新颖、内容创新，集中投放区域投到显著宣传标识规范。 2.利用讲座、黑板报、宣传橱窗、校园网、微信平台等开展生活垃圾分类主题宣传教育活动，树立垃圾分类、人人有责的环保意识。 3.利用置物减小，度建生产所垃圾分拣工作实施情况和典型经验，形成良好的舆论氛围。	
	C4 文化活动 6分	1.校园网、微信平台等有节约资源、垃圾分类的宣传内容。 2.开展有关节约资源的文艺、演出、读书、竞赛活动等，在校园文化活动中融入节约资源教育内容。 3.开展环保资料宣传。	
D 垃圾投放 25分	D1 垃圾减量化 5分	实施生活垃圾分类管理理念，实现"三化"（减量化、资源化、无害化）。	
	D2 精准投放 4分	所在区域创建校园干净整洁店。	
	D3 智能管理 4分	节约资源、垃圾投放与能级各部门实施与教学、科研、创新创业、文化活动相结合。	
	D4 社区互动 5分	1.学生在社区居民宣传、指导开展节约资源垃圾分类活动。 2.学生在社区中开展垃圾分类活动。	
	D5 媒体作用 3分	在校级或以上新闻媒体上有开展垃圾分类工作的报道。	

25◀

我校艺术与设计学院研究生吕璐同学设计的卡通形象"沐沐"荣获2013年广州市垃圾分类卡通形象设计大赛一等奖（下图）

广州市垃圾分类卡通形象
人人参与 从我做起

沐沐

设计说明：
1、吉祥物"沐沐"提取了广州市市花红木棉的橙色行的造型设计，工整花瓣，黄色花蕊，结合绿叶的身体，木棉花的"木"字谐音水的谐音取名为"沐沐"，寓为沐浴春色，代称人物。
2、黄色肌肤的圆润面容代表一定比例的家庭妇女的形象，配合绿色的身子意能出期者产生对垃圾分类利益情理的一种认识。
3、微笑的衣情和整体活泼的色彩让人心情愉悦，大招泡色的手势和活动的身体传递这样垃圾分类应举"人人参与，从我做起"。

167

第三节　宿舍筑梦，携手成长

案例8-3　"青春·成长·传承"特色宿舍文化创建

为进一步丰富校园文化内涵，营造整洁舒适、文明和谐的学习生活环境和健康向上、积极进取的宿舍文化氛围，广东工业大学团委、学生工作处、后勤管理处、保卫处共同组织开展了特色宿舍文化创建活动。学生以宿舍为单位积极参与，经过初赛筛选，决赛现场演讲、才艺、视频和答辩等方式展示各自宿舍特色，各参赛宿舍精心布置展位，活动现场展现出团结和谐、其乐融融的氛围。参赛宿舍在实践服务、活力体育、才艺展示等环节各显神通，通过才艺表演、PPT展示、图片、视频等形式展现出干净整洁的生活环境、主题鲜明的特色宿舍文化和舍友们互助互爱、团结协作的精神。最终评选出"学习型、科研型、创新创业型、实践服务型、活力体育型、文化艺术型"六类特色型宿舍。特色宿舍文化创建活动在推动宿舍文化育人、促进优良校风学风建设方面发挥了积极的促进作用。

案例8-4　"民族团结进步优秀宿舍"评比活动

为进一步加强少数民族学生教育管理工作的感召力，鼓励和引导各民族学生之间交往、交融、交流，展现多民族团结、互助、进步的精神面貌，为同学们营造一个良好的学习和生活环境。广东工业大学党委统战部、党委学生工作部联合举办了"民族团结进步优秀宿舍"评比活动（图8-1）。活动期间，同学们积极参与，紧扣"民族团结进步"的主题，对宿舍做了精心准备和布置，力求突出主题特色，营造融洽和谐的氛围，准备了PPT等形式多样的宿舍内容展示。宿舍检查中，大部分宿舍情况良好，被褥整齐，物品放置有序，舍友关系融洽。经过参评材料审核、宿舍检查、现场PPT答辩等环节后，评比出一二三等奖。活动对于发挥民族团结模范表率作用，促进学校的民族团结、交流融合，巩固良好的团结和谐的氛围起到积极作用。

图 8-1 特色宿舍文化创建活动现场

第四节 制作你的专属手工作品

案例 8-5 手工古簪自己做高校学生手工展"神仙"作品创意多[1]

2019 年 6 月 3 日下午，武昌工学院的手工艺品展览吸引了众多师生驻足参观。展品花样繁多，有灯管焊接的纸雕、超轻黏土制作的卡通人物、海洋滴胶、珠编花瓶……此次手工展由该校"博今手工阁"举办，共有 28 个作品进行展览。该社团创立一年，社长兼创立人张越是该校国际教育学院汉语国际教育专业的大

---

❶ 参考人民网 2019-06-03 同名文章。

二学生。

其中一名学生制作者介绍，自己制作凤冠和璎珞分别用了三个小时，一整套花了七个小时，"把不同的花片用铁丝串在一起，需要注意的是钳子要用好，只有把铁丝掰服帖才能不划到皮肤。平时连瓶盖都拧不开的"簪娘"（做古风簪子的姑娘），做簪子拧铁丝却毫不费力。"言语间溢满对手工艺制作的热爱之情。

高校手工社团的创立源于当今大学生对我们传统文化的推崇、对手工艺的热爱，而学生自制手工艺品的展览不仅是展示学生才华的平台，也是让更多人了解传统技艺、宣传中华文化的有效途径。

案例 8-6　甘肃大学生手工制作卷轴画敦煌艺术"跃然纸上"[1]

兰州交通大学学生王雪妍，利用课余时间坚持创作卷轴画，在她细致地勾勒下，飞天、佛像跃然纸上。

经过采集资料、构图、起形、白描、印章、题字六步骤，一幅卷轴画就完成了。王雪妍将敦煌壁画上的飞天、佛像等，以白描的手法画在卷轴画上，用古典卷轴画呈现敦煌文化元素，别具风味。"人们对卷轴画的印象多是山水、花鸟，而将敦煌壁画画在卷轴画上，比较少见，更显古典的感觉，同时也是对传统文化的一种传承。"

卷轴画，是一种在纸和绢上画成的艺术作品，也是中国传统的绘画方式之一，已有 2000 多年的历史，经过几千年来不断演变、提高，绘画风格形成了浓厚民族风格和鲜明的时代特色。

据该校学生介绍，师生会根据不同朝代，采集莫高窟壁画样本，绘制卷轴

---

[1]　参考中国新闻网 2017-06-06 同名文章。

画，每幅卷轴画都会展示一个朝代比较有特色的壁画。流畅的线条、复杂的构图、精致的手工，近年来该校师生创作了一幅幅凸显敦煌元素的卷轴画。目前，兰州交通大学师生创作的卷轴画，多用来参展，部分被客商看中，也会出售。

为鼓励大学生创新创业，兰州交通大学开创实践课堂，主要有手工制作掐丝画、版画以及卷轴画等课程，目的在于培养学生一技之长，同时传承发扬中国传统文化。

第五节　养成整理物品的好习惯

日本：“收育”教孩子整理物品

日本儿童教育中有“食育”“智育”和“木育（植树教育）”等概念。活力门网站近日称，最近又出现一个新概念：收育。报道说，“收育”意为教育孩子收拾物品的重要性，培养孩子整理物品的习惯。

例如，不管是上学还是出远门，日本的小学生很早就开始被要求自己整理书包和行李；在学校，吃完饭后，学生需要自己整理餐具、收拾餐桌等等。收纳检定协会表示，通过“收育”教育能让孩子认识到整理物品的重要性，养成“物归原处”的好习惯，形成独立思考及行动的能力。“收育”也让他们逐步形成一个观念，养成一个习惯：自己的事情自己做。这对于培养他们生活自理能力、增强自信，以至对他们以后的生存和发展，都有非常重要而深远的实际意义。

第九章

社会服务案例

第一节 政务助理生活是一种怎样的体验？

案例 9-1　北京大学学生资助中心——专门化的学生资助机构

2005 年底，北京大学在全国高校范围内率先成立学生资助中心，以专门机构、专职人员、专业背景、专项经费，搭建平台为家庭经济困难的学生服务。学生资助中心建立和完善各项制度，动态管理家庭经济困难学生档案，确保将资助资金及时、准确、安全、有效地提供给经济困难学生。根据学生成长需求，学生资助中心设立燕园领航、燕园携手、优才拓展等特色成才支持项目。

1. 燕园领航

自 2010 年 9 月起，学生资助中心在迎新绿色通道启动"燕园领航计划"，邀请知名学者、爱心人士、离退休教师和校友，担任家庭经济困难学生的领航导师，导师在学习、成长、发展等方面给予经济困难学生一对一的个性化引领。

2. 燕园起航

"燕园起航"项目为学生提供体验类、提升类、实践类活动，帮助学生更好地适应大学生活，实现以经济支持、精神关爱、能力锻炼为目标的全方位帮助。

3. 燕园携手

"燕园携手"项目为家庭经济困难新生聘请一名高年级学长或学姐，在新生入学后的第一年，老生一对一指导新生学习生活，新老生共同成长。

4. 燕园翱翔

2016 年底起，学校启动"燕园翱翔"项目，支持受资助学生组织境外游学团赴境外地区开展为期 5～7 天的参访互动，并支持受资助学生前往境外地区进行为期一学期的交换学习。

5. 优才拓展

"优才拓展"项目主要是组织数支优才拓展团队，于每年寒暑假赴全国各地开展社会实践活动，如与兄弟高校学生交流座谈、到知名企业参访学习等。

案例 9-2　在中央和国家机关实习是一种怎样的体验？

"扬帆计划·中央和国家机关大学生实习"项目由团中央青年发展部、中央和国家机关团工委联合举办，旨在搭建中央和国家机关与青年学生交流的平台，帮助学生了解国情社情。以下是某高校学生在进行了为期一个月的政务实习后的体验，让我们来一起听听他们的心声吧！

1. 信仰：红旗始终飘扬　实习单位：国家知识产权局

王同学第一次到国家机关实习，带着十分好奇和兴奋的心情而来，满怀期待地从实习中带走不一样的东西。实习期间，他参加了机关团委组织的局情培训，了解了国家知识产权事业的发展历程；到复审委和无效审理部旁听口审，到知识产权法院旁听案件审理，感受到审查员公正无私、敢于担当的办案精神。他参加了研究图书馆搬迁和到国家图书馆调研的活动，深刻感受到了机关工作的严谨细致，产生了一种强烈的本领恐慌意识。一个月下来，他对中央和国家机关的运行机制有了直观的感受，机关同志们的优良作风深深感染了他。他认为，在中央和国家机关实习，就是要经受政治锻炼，培养政治素质，成为青年政治骨干，永远忠诚于党；并且要做旗帜，带领更多青年团结在党的周围，投身新时代党的伟大事业。

2. 学习：世事皆学问　实习单位：交通银行北京市分行

张同学在实习中深入了解与见证大型国有商业银行的业务运转模式，也开阔了眼界、磨练了意志、增强了本领、提高了能力。服务是基本功。在实习中，他分别体验了对公客户经理协助、个金客户经理协助、大堂助理的工作，感受到做好服务是工作最基本的要求，需要细致的讲解、有效的倾听和充足的耐心。专业是重头戏。他在实习中学习了不少业务知识，如基金、保险、贵金属交易相关知识，商业银行公司业务范畴、分类、主要金融产品概念、业务流程等知识，认为在工作中要保持学习热情，打好实践基础。实习为他提供了一个宝贵的观察窗口，让他深切体会到聚沙成塔、水滴石穿的道理，要想做好银行业务，就得钻进去，在每个岗位上具体体验，在实践中加深理解。在他看来，青年学生要怀着敬畏之心去认真打磨自己，坚持信念，不怕吃苦，坚守初心，做新时代的追梦人。

3. 改变：于细微处　　实习单位：国家林业和草原局

杨同学在草原管理司综合处和生态修复处学习了草原改革的相关知识，参与到机关各项事务中。实习期间，他参加了司全体会议，感受到了司领导和同事们认真回头看、开展批评与自我批评的良好作风；他参与到草原司党支部各项规章制度的制定中，与同事们仔细讨论每一条制度、每一个细节，认真审核每一个字、每一个标点，感受到中央和国家机关工作人员的辛勤付出。于细微处，他看到了中央和国家机关工作人员尊重他人、爱护办公环境的主人翁意识，看到了他们不断提升自我的进取意识，看到了他们充分了解情况，努力让出台的政策提升人民群众幸福生活的责任意识。

4. 提升：为人民服务　　实习单位：中国气象局

倪同学在实习中零距离观察到新时代公务人员和国企员工的精神风貌，深切感受到"准确、及时、创新、奉献"的中国气象精神，也对以后的职业选择有了更清晰的方向。落细落实，至纤至悉，牢记气象人之使命。实习之初，首先打破了他曾经认为公务员、国企员工上班很轻松的看法，事实上每个人都有自己的职权与责任，而且都努力把每一件事做到极致。克勤克俭，为国为民，不忘气象人之初心。实习中，他被气象人的坚持与奉献所感动。七八月是高温期、汛期最集中的季节，气象人为民管天、观云测雨，甘当气象事业生命线背后的守望者。如琢如磨，尽善尽美，以气象精神督促自己。他认为作为新时代青年人，面对逆境挫折时，应像气象人一样锤炼破解难题、化解风险的本领，用攻坚克难的实际行动诠释使命担当，以崭新的精神面貌迎接未来的机遇和挑战。

第二节　高校专业劳动教育出"新招"

案例 9-3　天津大学探索构建劳动教育新模式

天津大学围绕落实立德树人根本任务，坚持"五育并举"，充分挖掘劳动教育在树德、增智、强体、育美等方面的育人价值，推动课堂教学与实践活动贯通融合，探索构建劳动教育新模式。

学校开展产学研结合的劳动实践，立足新工科建设，在专业教育中融入劳动实践教育。统筹生产实习、机械工程训练基础等实践环节，贯通工程研究中心、双创孵化器等教产研学平台，由企业人员指导学生进行劳动项目实践，探索"智慧劳动""创造性劳动""人机协同劳动"等实践，促进知识学习和劳动实践深度融合。深化"创新创业＋劳动教育"实践，完善"创新创业＋劳动教育"课程设置，依托"搭伙"众创空间、创新实验室等双创平台，增设本科生自主科研、大学生创新创业训练计划劳动实践子课题；以"互联网＋""学科竞赛"等为抓手，引导学生在劳动中培育进取创新精神。推进行业劳动实践，聚焦国家重点地区、重点行业、重点单位，实施"青苗工程""励行计划"，鼓励更多学生主动服务国家重大战略需求，到基层党政机关实习实践，加深对基层工作的认识。

案例 9-4　中国劳动关系学院专业劳动教育实践

中国劳动关系学院工会学院社会工作专业，在大三下学期组织学生利用每周三天的时间开展专业实习。为保证实习效果，学校制定专业实习教学大纲，明确实习目标、任务及要求，指导实习各环节工作的开展。实习前，落实实习指导教师，组织学生开展实习动员，让学生明确实习的工作任务和考核方式，并联系实习单位落实实习相关事宜。实习期间，学生每周需要撰写实习日志，记录每周三天的工作内容、进展及完成情况和下周工作安排，校内指导教师会不定期与学生交流，掌握学生实习状况，指导学生解决问题，企业实践导师也会给予悉心指导。实习结束后，学生提交实习报告及实习单位评定意见，对实习情况进行综合评价。通过这种专业对口性强的实习，学生能够充分运用所学的劳动知识技能处理实际问题，提高劳动能力，更好地适应未来职场需求。

中国劳动关系学院法学专业每学期则会邀请相关实践部门专家 4～5 人次深入课堂参与实习实训教学，将课堂延伸到社会实践中，搭建理论知识与实践运用的桥梁。同时从实务部门聘请高水平的实务专家担任兼职实践导师，对学生的专业知识技能进行直接指导，帮助学生学习专业劳动知识技能，并在潜移默化中形成正确的劳动价值观，养成良好的劳动习惯，做到辛勤劳动、诚实劳动、创造性劳动。

案例 9-5　常州大学"新招"频出，积极探索大学生劳动教育新途径

一是全面研讨，开展劳动教育有激励。日常劳动要求学生每学期不低于 50 小时，校园劳动每月不低于 3 小时……这些要求来自常州大学《制药与生命科学学院护理学院关于加强学生劳动教育的实施办法》。此外，该学院还出台了相应的实施细则，制定了劳动教育的形式、考核、组织管理等内容。

二是三维联动，开展劳动教育有保障。学校通过搭建校内、校外、家庭三维联动的劳动教育平台，将劳动教育与学生的研究性学习、职业技能学习相融合，达到综合育人的目的。石油工程学院与后勤产业集团公司共建大学生劳动教育实践基地，通过勤工俭学岗设置、定期义务保洁等形式，将劳动教育活动记入大学生志愿服务记录卡，引导大学生进行劳动实践。制药与生命科学学院护理学院在武进区民政局的支持下，选择了 5 家养老机构开展敬老服务的社会劳动；划定校内公共区域，组织学生定期进行卫生保洁；每两周开展一次宿舍"集体劳动日"；利用寒暑假实施家庭劳动教育，重点突出了专业劳动，力求第一课堂和第二课堂的精准对接，引导学生在参与劳动中运用护理等专业技能服务社会。

三是积极践行，开展劳动教育有实效。常州大学不断探索大学生劳动教育新形式，自开展劳动教育以来，制药与生命科学学院护理学院参与劳动的学生达 400 余人，累计劳动次数 26 次，累计劳动时超过 400 小时。石油工程学院也开展了多场义务劳动活动。参与劳动的学生、服务对象和第三方机构普遍反映效果良好。

第三节　多样化创新创业劳动实践出成效

案例 9-6　广东工业大学开展主题教育激发学生创新创业活力

广东工业大学 2016 级学生哈尼亚提·波山是第五届中国"互联网＋"大学生创新创业大赛总决赛项目《"一带一路"未来教室》负责人，他是一名新疆哈萨克族大学生。这个项目获得了大赛银奖，也是广东工业大学第一个参与创新创业赛事的民汉共创大学生创业项目。2017年，哈尼亚提与合伙人创办了广州图勒帕尔网络科技有限公司，创始团队熟悉中国和哈萨克族文化，并集成大湾区产业链优势，为"一带一路"沿线国家提供科技产品定制化服务。该公司利用AR、VR、投影仪大屏互动、雷达定位等技术研发了一系列哈萨克斯坦本土化产品，其中TULPAR AR卡片、积木小镇、总统大屏幕、神笔画画等产品成功进入哈萨克斯坦幼教市场。2018年，公司在阿拉木图市建立了一个超过300平方米的科技展厅，这也是哈萨克斯坦当地首个教育科技展厅，本展厅一共打造了4个模块11项目，累计人流量10万余人次。

1. 坚守初心，坚持以学生为中心的创新创业教育新理念

广东工业大学把创新创业人才培养作为服务于国家发展战略和地方经济建设需求的核心任务，推进"面向需求、融入全程、与产业深度融合，多样性培养创新创业人才"育人模式的改革与实践，开办了机器人学院、PCB学院、科技金融创新班、IC2＋2班、校企联合班、国际合作2＋2班等，实现创新创业教育的"全程化、全覆盖、全方位"。通过价值引领，开阔视野，培养能力，强化育人氛围建设，激发学生的创新创业活力。

2. 面向产业，构建充满活力、可持续发展的创新创业育人生态

广东工业大学确立"面向产业需求，培养高层次、复合型、国际化人才"的人才培养目标，采用"校企联合培养、国际联合培养、创新创业一体化培养、特色化实践培养和创业启蒙与实训"等培养模式；构建"多专业融合、全程项目驱动"的创新创业培养方案。汇集政府、企业、境内外创新创业教育资源，同番禺区、佛山市、东莞市、河源市政府等密切协同，共建四个独具特色的协同创新研究院，并打造成为国家级众创空间及科技企业孵化器。实现学校与地方、产业共同前进、协同发展，构建了充满活力、可持续发展的创新创业育人生态。

3. 文化育人，建设"多元化、国际化、系统化"三化融合的校园文化

广东工业大学打破第一课堂与第二课堂的边界，推进实践学分认定；精心设计和开展了创新创业沙龙、项目路演等丰富多元的校园文化活动；完善国、省、校三层次的竞赛体系，构建国、省、校、院四层次的创新创业训练项目资助体系等。粤港机器人学院的教学方案被美国加州大学伯克利分校、香港科技大学、湖南大学等国内外高校所借鉴。通过开展两岸四地创新实践挑战营与创新创业竞赛、科技创新实训营、国际青年大学生交流会等国际化创新创业活动，拓宽学生的国际视野。建设校内4万平方米、校外6万平方米的创客空间，每年支持创新创业项目千余项，吸纳参与学生6000余人。

案例9-7　青年创业反哺乡邻　带领多个贫困村村民脱贫致富

付飚，1986年2月出生，是四川省简阳市石板凳镇官堰村支部书记。他勤于钻研，创业致富，率领300余户食用菌种植户走上康庄大道，获得"四川省劳动模范""成都市优秀共产党员""第十届全国农村青年致富带头人"等荣誉称号，是青年农民创业的典范。

1. 坚韧不拔，钻研掌握食用菌种植技术

付飚出身于一个农民家庭，高中毕业后，付飚决定和父亲一起挑起养家的担子，毅然回家和父亲一起种植食用菌。但由于种植规模较小，技术不成熟，他们虽然苦心经营，却没赚到钱。看着父亲的辛勤劳作，付飚暗下决心，一定要将自家食用菌生产发展起来。

付飚主动学习食用菌种植技术，到昆明、南充等省内外先进地方学习取经，再将理论转化为实践，到自家棚子里进行实验。2010年，付飚租了4.5亩地建起了菌种接种室、装料场和10个温室大棚。付飚一边参加食用菌新技术、新品种种植技术培训，拓宽了视野，一边认真进行市场调研分析，大胆引进了金针菇、黄白木耳、银耳等新品种菌株，终于食用菌生产基地开始红火起来。2013年，为提升菌类数量和质量，他又扩展35亩，新建11个彩钢大棚，引进先进机器设备，实现年产食用菌50万袋、产值200万元、纯利润50万元，吸纳周边50多名常年务工群众。10余年来，付飚用勤劳的双手，让梦想一步步变成现实，在致富路上一步步越走越快、越走越稳。

2. 成立专业合作社，带领贫困户脱贫

付飚在实现自己的梦想同时，主动挑起带领群众共同致富的重担，于2012年7月发起成立鑫联食用菌种植专业合作社，积极响应扶贫号召，以市场需求为导向，充分发挥自身在技术、资金、销售等全产业链优势，帮助贫困户发展食用菌产业。

2014年，付飚主动对镇里12户计划生育"双特"家庭户（"双特"家庭是指独生子女伤残、死亡家庭）进行帮扶，发放菌包，免费提供技术支持，帮助他们走上了致富道路。其中，村里的贫困户陈发明就是其中的典型例子。陈发明做生意失败后，妻子离开了他，母亲不幸瘫痪，自己也在一场车祸中丧失了劳动能力，心情很是烦恼，不知道如何摆脱贫困。付飚了解情况后，主动指导他搭建起食用菌种植大棚，以低于成本价的价格，为他提供培育成熟的菌包 2500 袋，并在技术和销售渠道上全心全意地支持他。最终，陈发明通过种植食用菌获得纯利润约 5000 元，尝到甜头的他信心满满地扩大了种植规模，如今陈发明的日子过得非常幸福。

3. 创新合作模式，带领贫困村脱帽

付飚的心里不仅记挂着贫困户，还记挂着贫困村。他创新帮扶举措，采用"合作社＋基地＋贫困户"模式，在成都高新东区董家埂乡的核桃村、深洞村、大屋沟村 3 个贫困村探索出了脱贫帮扶的新路子。

从贫困户到贫困村，小小的菌包蕴含着付飚带领乡邻脱贫的大情怀。他将自己多年积累的技术毫无保留地传授给社员，社员一有技术难题，他总是立即赶过去义务指导。目前，合作社成员达 302 户，覆盖周边 12 个乡镇，年产金针菇 400 余万袋，年产值 4000 余万元，解决了 1600 余个农村剩余劳动力就地务工。

2014 年，合作社食用菌基地被中国科协和财政部联合表彰为"全国先进农村科普示范基地"。付飚用自己的双手和智慧创造人生价值，用自己的事迹不断激励着广大创业青年，向社会传递着正能量。

第四节　专业知识技能助力乡村建设

案例 9-8　克服困难迎面上，为老百姓做实事

银光村位于青铜峡市瞿靖镇西南 10 公里处，现有村民 520 户 2139 人，党员 55 人，耕地面积 4500 亩。该村是出了名的"后进村"：淌水难、行路难，干部群众互不信任、互相埋怨，群众上访接连不断。因为"烂摊子"难收拾，村干部大多数干不长久，村党支部 9 年换了 12 任书记。

2012 年 9 月，24 岁的西吉娃张军明通过公开选聘，成为青铜峡市的大学生村官，在经过两个村的村书记助理岗位锻炼后，2013 年 2 月，被组织派往银光村任职。

在张军明走马上任之初，"老大难"问题成篓成筐地现形，村民发难、干部作难更让张军明措手不及……

面对村民发难、干部作难、工作困难这样一个"三难"局面，张军明心想：坚决不能退却，只有迎难而上，多走多看多想多问，真心实意为村民着想，才能破解难题。张军明坚持深入了解群众诉求，与村民拉家常，倾听他们的诉说。

一年多来，张军明骑坏了 2 辆自行车，走访了 460 多户村民，详细了解每个农户的家庭情况和生产生活上存在的困难，村里的大事小事记满了整整 2 本"民情日记"，实现困难群众微心愿 25 个。张军明终于找准了"后进"的症结：村干部办事不公平、不作为，村级事务管理混乱，经济发展滞后，班子"软"，管理"乱"，经济"穷"，人心"散"。

为了甩掉"后进"的帽子，张军明从四个方面入手。一是诚心为群众"谋事"。张军明始终把村子的发展问题和村民的生产生活放在第一位，对村子的发展提前谋划盘算，他和班子成员经过大量的调研走访，确定了发展玉米制种、特色养殖和外出务工三大产业，成立了银光村农民专业合作社和劳务输出专业合作社，由过去分散经营向"合作抱团"方向发展。二是真心为群众"干事"。张军明从帮扶部门筹集资金 5 万多元，建立了便民服务站，为村民开展一站式代理服务。建立村干部每日坐班制，保证村民办事每天都有人接待受理。针对村里的文化活动单一的问题，张军明积极联系市文工团多次送戏下乡，农闲时组织村民看秦腔、看电影、免费为老党员照全家福，丰富了村民的文化生活。一年多来，为村民办理 260 多件实事。三是必须要办"成事"。张军明充分发挥党代表作用，把每月 10 日确定为党代表和村民代表活动日，每到活动日大家共同商议村里大事。一年来，张军明积极跑项目、争资金，先后在农渠上做节水闸 3 座、修农路 6 条 7.5 公里、砌护农渠 14 条 6000 多米、搭建农桥 4 处、化解矛盾纠纷 18 起，有效解决了村民淌水难、行路难、公开难的问题。四是要做到"不出事"。不出事的前提是公平、公正、公开。为了能让村民直接参与村级事务管理，充分发挥村监会和村代会作用，大小事情阳光办理，组织村民推选产生了 35 名在村里有威望、有文化、有责任心的代表和 5 名村监会成员，对村级重大问题进行决定和全程监督。在每个生产队制作"明白墙"，在全村推行"阳光低保"，通过抓公开、抓民主、抓监督，清了集体的家底，亮了干部的箱底，明了群众的心底。

村民都在观察着这个"娃娃村官"的一举一动，慢慢地对张军明表示赞赏。凭着满腔热情和干劲，张军明的做法显现出效果，得到村民的认可，收获到村民的信任，大家也把他当成了自家人了。

第十章

志愿服务案例

第一节　社区志愿服务在行动

案例 10-1　广东工业大学青年志愿者社区服务战"疫"日记

在这场没有硝烟的战争中，我们身边有这样一群人，主动放弃自己的休息时间，穿上志愿者的红马甲，逆流而上，奔波在疫情防控一线。据广东工业大学团委统计，截至 2020 年 2 月 23 日，学校有近 400 名学生参与了此次防疫志愿工作。他们活跃在社区、居委会和村委会，测量体温、执勤、宣教。用最平凡、最朴实的工作，践行着当代青年对祖国和人民的承诺。

计算机学院 2019 级萧沛权："党员不是说出来的，是干出来的"。

"我是一名有着五年军龄的退伍军人，2014 年保留入学资格入伍，2019 年退出现役后恢复入学资格。至今我仍记得当初退伍时在国旗、军旗下的宣誓：'若有战，召必回'。这次的防疫阻击战，正是祖国需要我的时候，作为一名入党积极分子，我觉得我们每一个人都应该以实际行动支持防疫阻击战，以实际行动传递正能量，以实际行动为祖国作贡献。'党员不是说出来的，是实实在在干出来的'。从疫情爆发开始，我第一时间向所在的麻涌镇麻三村村委会报名，参与到村里的防疫工作，每天负责对出入人员进行体温测量和对返乡人员进行登记，并督促人员戴好口罩，减少出门。为了防止交叉感染，测量体温、登记的器材每次使用完都要消毒，工作的时候我们基本都是站着，每次执勤完回家，都会出一身汗，但是我仍是乐在其中。我觉得这是实实在在为社会作贡献，能带来真真切切的为人民服务的满足感。"

土木学院 2017 级阿迪力江•阿布力牧："为抗击疫情分担一点工作，是无比正确的决定"。

"刚开始，我有些恐慌，因为每天看报道确诊人数会有增加，而自己服务的对象中也有在家隔离的人员。但是我想到他们也是普通老百姓。每次为他们去购买生活用品送到家门口时，看到他们热情的眼神就让我很感动。所以我每次去隔离人员家中都会佩戴好口罩，在日常与他们的问候对话中也能感受到他们的温暖，这样一来我的心理压力也慢慢被释放了。让我特别有感触的是，社区的基层干部和定点医院的医务人员，还有民警，在疫情发生后第一时间投入抗疫工作，每天从早忙到晚，甚至晚上也不回家，就在办公室和衣休息。看到他们这么投入工作，我很感动，更相信自己为他们分担一点工作，是个无比正确的决定。"

案例 10-2 广东工业大学政法学院学生黄敏华：

我是一名传递温暖的禁毒社工

2020 年 3 月 17 日是世界社会工作日，也是国际社工日。在疫情防控的关键时刻，中国的社会工作者坚守在"疫"一线，同广大疫情防控人员一道，立足岗位、不畏艰险、冲锋在前，用实际行动证明，新时代的社会工作者是好样的，是能够担当大任的。

广东工业大学政法学院 2019 级社会工作专业研究生黄敏华，也是疫情防控期间广州众多一线社工之一。

作为一名连续两年荣获"广州市社区戒毒社区康复先进个人"称号的专业禁毒社工，疫情期间黄敏华主动响应广州大同党支部、荔湾区禁毒办的号召，迅速参与到荔湾区防控"两毒"服务中去。

以爱育爱：重点关怀困难戒毒康复人员

困难戒毒康复人员作为易被社会忽视的群体，在疫情防控期间，黄敏华及其所在的广州大同荔湾禁毒项目社工团队一起深入摸查了这个群体的情况并迅速开展有针对性且富有成效的工作，利用电话随访、咨询服务、重点帮扶等线上线下相结合的方式开展工作，凡是服务对象有困难、有需要，他们随时随地开展压力疏导、专业咨询，以缓解个体情绪恐慌。

以心育心：整合力量，构筑协同帮扶模式

在此期间，黄敏华了解到有一名困难戒毒康复人员 Z 先生（化名）通过咽拭子检验后，需要从强制隔离戒毒所回到社区。除了经济困难外，家庭关系较为紧张，获得人际支持的能力很低。经黄敏华等禁毒社工积极协调，并对其亲属初步开展家庭关系修复的辅导，逐步形成"街道办、家属、社工"协同帮扶的模式。

专业引领：运用专业知识提供高效帮扶

据广东工业大学政法学院刘静林教授介绍，学院对学生和社工进行了大量的专业指导。学院不仅指导广州市大同社会工作服务中心的社工撰写疫情防控服务宣传材料，还带领社工专业教师、研究生及社工编写了《疫情社区工作指引》《不同版本诊疗方案演变取向探析》《不同版本防控方案演变取向探索》，以专业的态度、敬业的精神、高度的责任感，积极寻找、创造、链接和提供帮扶。

这次服务经历，既锻炼了理论基本功，也让黄敏华坚定了毕业后从事社会工作的信念。黄敏华呼吁："逆行不分你我，希望身边更多的居民朋友可以积极投身志愿服务，同时也给予特殊困难人员关注支持，共克时艰，共迎春暖花开时！"

第二节　赛事志愿服务我能行

案例 10-3　传递爱心　传播文明
——广东工业大学学子志愿服务 2019 广州国际马拉松赛

广州马拉松赛（以下简称广马）是经国家体育总局、广东省政府和广州市政府批准，由国际田联和国际马拉松及公路跑协会备案的中国高水平马拉松赛。赛事于 2012 年创办，每年的 11 月下旬在广州举办，2013 年被中国田径协会评选为银牌赛事。2013 年起，广马赛道主要沿珠江两岸设置，集中展示了珠江两岸最具岭南特色的人文风情、最具羊城历史的风景名胜、最具时尚气息的文化潮流，被国际田联公认为是当今世界马拉松赛最美赛道之一，赛事受到马拉松爱好者的热情关注。随着广马赛事的不断成熟，赛事志愿者的积极影响也愈发凸显。志愿者们热情参与、尽己所能、通力合作，发扬志愿者奉献、友爱、互助、进步的精神，传递爱心、传播文明，一股强大的社会暖流助力广马成为高水平、有特色的国际性赛事。志愿者作为每年广马赛事中不可缺少的保障力量，通过提供全面而精细的赛事服务，"展现广州文化，讲好广州故事"。

2019 年 7 月 30 日，2019 广州马拉松赛报名工作结束，根据赛事组委会统计，近 12 万人报名 2019 广州马拉松赛。其中马拉松项目提交报名申请人数近80000 人，半程马拉松提交报名申请总人数超过 40000 人。面对如此大型的国际体育赛事活动，志愿者服务队伍的规模与质量的重要性也就不言而喻。本届广州马拉松赛的志愿者人数约 6200 人，分别来自 10 所高校及 4 个社会团体，为广马近 80 个志愿者岗位提供优质服务。志愿者们克服了服务时间长、工作任务重等困难，秉承对志愿服务的高度热情和崇高使命感，共计投入了约 62824 小时志愿时，无私奉献、任劳任怨、服从指挥、团结协作、积极主动，顺利完成组委会交办的各项任务，成为大赛最靓丽的一道风景线。

为彰显城市形象和大学生的责任与担当，广东工业大学共有 210 名志愿者投身于本届广马的志愿服务活动中，分布在起点的 41 个岗位。210 名志愿者是从 630 余名报名学生中，通过面试的形式进行招募的，从根本上保障了志愿者的服务精神和服务质量。为进一步提升志愿服务水平，学校于 2019 年 11 月 16 日与广马组委会进行联合志愿者培训大会，开展了"志愿服务礼仪规范"培训和"2019 广州马拉松赛志愿者突发事件应对培训"以及岗位业务培训。如图 10-1 所示。

图 10-1　广东工业大学 2019 广州马拉松志愿者培训

"志愿服务礼仪规范"培训由广州志愿者学院政治学讲师、中国志愿服务中级培训师李小娜老师为同学们授课，从志愿服务着装规范、仪容规范、仪态规范、服务指引、沟通技能、行为规范等方面，结合案例展开细致的讲解，培养志愿者良好的礼仪规范。广东救援辅助队虞敏教官主讲了"2019广州马拉松志愿者突发事件应对"，针对赛事中可能发生的自然灾害、事故灾难、公共卫生事件、社会安全事件，结合往届广马中常见的真实事件，给出有效的应对处理方式，提高同学们的危机事件防范意识和逃生、自救、互救能力。通过培训，志愿者们从中收获了志愿服务技能，也对岗位职责有了进一步的认知。来自信息工程学院的车进斌同学表示："老师们的仔细讲解，让我清楚了自己的服务地点为起点，是广马选手们第一批能接触到的人，所以一定要有很好的精神风貌，用微笑服务。广马是广州的一张名片，今年报名的外地选手有十万多人，我们要亲切地与选手们交谈，介绍自己所知道的广州旅游、美食、文化等等，争做广州的形象代言人。我作为队长，要做好信息的传达、物资的分配、人员的管理。培训也让我对突发事件的处理更加有底了。虞敏老师团队的生动讲解与现场演示，让我学到了对很多突发事件的处置方法，如踩踏、纵火、恐怖袭击、冲突等。学到了如何筑人墙、抢救伤员、维护现场、保护自己等技能。此外，我的志愿者礼仪更加规范了。李小娜老师的亲切教导，让我更加注意自己的志愿者形象。志愿者的衣着、站姿、坐姿、蹲姿、走姿、手势、语言、仪容仪表都有丰富的图片介绍，我还有幸上台展示，内化培训内容。我会将所学到的知识，运用到广马赛事的服务当中。"

正式比赛前，赛组委举办了"不忘初心·服务进取，2019广州马拉松赛志愿者出征仪式"，鼓舞了各团队志愿者的参与热情。出征仪式上，志愿者代表邵咏诗同学结合自身的志愿经历，向在座的与会代表发起号召，以"奉献、友爱、互助、进步"为志愿服务精神指导，呼吁广大志愿者在2019广州马拉松赛中积极行动并且履行好自己的职责，不忘志愿服务初心，发扬广马精神，为广马保驾护航；弘扬广州精神，展现广州志愿者的风采（图10-2）。

广马比赛过程中，志愿者们无私奉献、任劳任怨、服从指挥、团结协作、积极主动，顺利完成了各项任务，比赛也在志愿者的保驾护航中，圆满完成。广东工业大学志愿者服务团队获评"特邀志愿服务团队"。

此外，为全面展现2019广州马拉松赛志愿者的风采，组委会志愿者部举办

"2019 广州马拉松赛志愿者 DV 大赛"，鼓励志愿者从自己的视角去发现 2019 广州马拉松赛过程中志愿者的真与美，记录志愿者为赛事付出的点点滴滴，并创作出优秀的视频作品，为赛事留下丰富而宝贵的视频资料。广东工业大学志愿者团队 DV 作品《工大出耀·护航广马》获得本次评比的三等奖。

图 10-2　广东工业大学 2019 广州马拉松志愿者

案例 10-4　2019 年广东省工科大学生实验综合技能竞赛志愿活动项目

2019 年广东省工科大学生实验综合技能竞赛是由广东省教育厅主办，广东工业大学承办的面向全省本、专科院校在校大学生的实验综合技能竞赛活动，于 11 月 23—24 日在广东工业大学大学城校区举行。来自全省范围内的 25 所学校的 173 支队伍近 700 人齐聚广东工业大学，"以赛会友，切磋技艺"。为更好地服务本次大赛，广东工业大学青年志愿者协会承担此次志愿活动项目，并号召广东工业大学学子积极参与到志愿服务中来。

志愿者招募环节分为填写申请表、招募面试、确定志愿者名录、签署志愿服务协议四个环节。组委会根据报名同学的基本情况进行筛选，部分岗位需进行面试或技能测试，并安排最终入选的志愿者参加培训、上岗。随后各岗位以小组为单位开展了细致深入的岗位培训，为大赛提供优质服务做足功课。

此次志愿活动中，涉及到的志愿者岗位及主要职责有：

指挥中心：由负责老师和志愿者骨干共同组成，负责协调、统筹各组的工作安排，决策各项工作需要；负责解决各组志愿者工作中需要认证及考核评优。

保障组：负责志愿者餐饮保障和物资保障（工作证、饮用水等）。

机动组：负责管理和调动后备志愿者到各个工作组工作。如某个工作组因情况需要，需增加志愿者参与比赛服务，则由机动组调动相适应的志愿者到该组进行服务。

比赛的顺利进行离不开志愿者们的辛勤付出。志愿者们用他们的汗水和笑容，为大赛的圆满完成保驾护航，构成了大赛一道亮丽的风景线（图10-3）。

图 10-3　广东工业大学志愿者

第三节　环境保护从我做起

案例 10-5　广东工业大学绿色青年志愿者协会环保教育进小学服务项目

活动介绍：广东工业大学"绿志"成立于2001年，全称为"绿色青年志愿者协会"，隶属于环境科学与工程学院，主要从事环教、康园两大常规志愿活动，团队成员秉持着为学校为社会做志愿服务的初心，以"天蓝草绿，诚为吾志"为口号，始终做到"不忘初心，方得始终"。环境教育作为团队的主要活动也是特色活动之一，自团队成立之日起就开始进行了。环教的全名为"环保教育进小学"，举办的频率为每月两次，环教的主要内容是走进小学通过授课或游戏的方式给小朋友们传授环保知识，让小朋友清楚地认识到目前的环境问题，教会他们一些环保常识，如垃圾分类、水资源保护、大气资源保护、土地资源保护、保护动植物等，以及一些节能的小技巧。同时，团队每学年都在广大附小和怡乐路小学举办摆摊活动，通过游戏等形式多样的方式传播环保知识。环教的主要授课对象为怡乐路小学、东城小学、知信小学、广大附小四所小学的小学生。

活动成效：通过青年志愿者长时间以来的环境教育进小学活动，小学生们的环保意识得到了很大的提高，明白了保护坏境要从小事做起的道理，生活中他们会运用所学的环保小技巧来节约水电，知道了垃圾要分类、不乱扔垃圾、保护水资源的道理。

志愿者们从最开始的拘谨到后来慢慢地适应老师这个身份，小朋友们对于志愿者们的环保课也表现得特别积极，经过了一次次的授课经历，志愿者们以这种方式主动学习到更多的环境保护知识，同时也让他们深知环保知识课对中小学教育的重要性：为提升全民的环保意识就得从小抓起，让孩子们从小养成保护环境的习惯，相信在未来他们一定会成为改善环境的主力军。

2019—2020年度活动介绍：

一、活动背景

现代社会，"低碳、环保、节能"已成为人们关注的热点，人类只有一个地球，现在地球的现状不容乐观：人口激增、水质污染、水土流失、生物资源衰退以及地球大气层变化等问题日益严重，为低碳环保作贡献是我们责无旁贷的义务。孩子是"地球村"未来的主人，在生态环境遭到严重破坏的今天，作为志愿者，我们对于从小培养学生的环保意识，提高学生环保自觉性有着不可推卸的责任。现在，保护环境已经成为人们的共识，需要一代又一代人在不懈教育下才能够改观，而作为大学生，有必要从现在做起，去为教育下一代贡献一份力量。

二、活动对象

番禺区市桥东城小学、番禺区广州大学附属小学、海珠区市桥怡乐路小学、知信小学，共计约 2700 名学生。

三、活动内容及成效

（1）通过讲授关于节水、垃圾分类、垃圾处理等主题课使小学生积极开展垃圾分类活动，节约水资源，初步了解垃圾如何处理，并真正影响着师生日常行为规范。

（2）通过主题鲜明的课程学习，帮助小学生内化环保理念，并通过寓教于乐的游戏、手工制作展示、视频活动环节了解关于环境的课外知识，让学生在丰富课余生活的同时，对于保护环境更加入心入脑。

（3）通过活动，志愿者和学生之间建立了深厚的友谊并保持密切的联系，志愿者们在学习上和生活上不断给予学生鼓励，教学相长，促进双方共同发展。

（4）通过系列活动的开展，不仅使小学生受益，还进一步影响了老师、家长等关注环保，扩大了环境保护的宣传效果（图 10-4）。

图 10-4　广东工业大学绿色志愿者协会环保教育进小学项目

案例 10-6　安徽大学环境保护协会保护长江江豚行动

长江江豚为国家一级保护动物，由于受人类活动的严重影响，长江江豚野外数量急剧下降，2013 年被列入《世界自然保护联盟濒危物种红色名录》极危物种。2018 年 7 月 24 日，农业农村部发布，长江江豚数量持续减少，仅剩约 1012 头，并正在以每年 5％～10％的速度下降，数量上已经少于大熊猫。安徽地处保护长江江豚的重要枢纽，保护江豚行动既是地方特色同时也展现了人类充分尊重生物多样性的决心。在定位自己服务领域和服务内容的对象选择上，安徽大学的大学生志愿服务结合地方突出的环境问题，开展了保护长江江豚的系列活动。

安徽大学环境保护协会保护江豚团队成立于 2009 年 5 月，由最初 15 名志愿者纽成，历时多年，现每年有来自不同年级、不同专业的 16 名大学生志愿者加入。团队秉着"共饮长江水，同心爱江豚"的志愿精神，不断提高自身志愿服务水平。团队在安徽大学共青团委的指导下，在合肥市以及安徽省内沿江各城市开展保护江豚宣传，开展各项志愿者服务工作。

活动启动后，在合肥市人流量大的地方如杏花公园、市府广场以及步行街等地进行宣传：

（1）你笑我来拍：邀请游客参与拍摄江豚微笑视频和微笑照片，给江豚送祝福。

（2）江豚合影：在泡沫板上裁出一个相框，画面主要突出人与江豚和谐相处，空出人的位置供游人拍照，画面是爱心人士给江豚喂食，或是爱心天使拥抱江豚等等，表达希望人类与江豚和谐相处的美好愿望。

（3）指尖上的江豚：泥塑江豚教学（可作为礼物赠送），现场学做江豚泥塑，在好玩的手工艺品制作过程中了解江豚基本知识及严峻的生存现状。

（4）江豚殇：用废弃塑料瓶盖粘出江豚受伤的画面，表现江豚的生存危机，呼吁人类保护江豚。

（5）一起来看江豚：播放历年江豚活动的视频、千人江豚微笑视频、江豚公益广告。

（6）江豚的未来：手语表演及队歌合唱。

（7）灵动图片展：江豚图片展览。

通过志愿者的种种努力，让社会民众从不了解江豚到有意识地去保护江豚，让这个濒临灭绝的国家一级保护动物、水中大熊猫——长江江豚能得到人们的关注以及保护，从而得到政府以及普通社会民众的关注。此外，还可以凭借江豚作为切入点，适时宣传其他长江濒危物种，加强人们对于这些濒危物种的认识，利于对于类似物种的保护。

案例 10-7　广东工业大学"亲子家庭　绿水琶洲"志愿服务项目

一、项目的背景与起因

现琶洲社区周边河涌岸边人行道存在垃圾乱扔现象，同时随着社会的发展以及独生子女政策的实行，社区内的不同亲子家庭间的关系正在发生急剧的变化，家长工作压力大，与孩子的互动时间较少，导致孩子成长缺少父母陪伴。亲子间出现隔膜，不利于孩子的身心全面成长，甚至会引起家庭关系紧张等一系列问题。

故此，为了居民深入了解"绿水青山就是金山银山"的理念，推进居民参与河涌整治，为留住绿水青山贡献社区自身力量，同时帮助家庭加深交流，增进亲情，使孩子健康快乐成长，拉近父母与孩子间的关系，广东工业大学材料与能源学院红十字会与琶洲街家庭综合服务中心根据"不忘初心，牢记使命"主题教育活动的要求，结合"绿水琶洲共守望计划"特色项目内容，联合开展琶洲"亲子家庭绿水琶洲"志愿服务项目，使该项目惠及琶洲街社区的居民和家庭亲子，提升社区居民保护河涌的意识，不断加深居民对绿水守望计划的认同，同时也展现大学生的志愿服务精神。

二、项目的思路与做法

本项目为 2018 年 3 月—2019 年 3 月琶洲"家庭亲子"志愿服务项目的拓展项目。琶洲"家庭亲子"志愿服务项目经过一年以来社工与志愿者的共同努力获得了当地居民的一致好评，并取得了不错的反馈。本项目在继承"家庭亲子"志愿服务项目以"志愿者＋项目服务"为服务方式的情况下，首次通过开展党组织党建共建合作的方式，探索志愿活动的新方向。项目期限为两个月，从 2019 年 9 月 25 日开始，于 2019 年 11 月初完成。

具体实施步骤分以下几个阶段：

第一阶段 2018 年 3 月— 2019 年 3 月	开展琶洲"家庭亲子"志愿服务项目,具体实施情况如下: 1)2018 年 3 月 31 日,组织志愿者于琶洲街家综开展"爸爸去哪儿"亲子护卫行动; 2)2018 年 5 月 12 日,组织志愿者于琶洲街家综开展"我爱我的家"琶洲亲子嘉年华;

第一阶段 2018 年 3 月— 2019 年 3 月	3)2018 年 5 月 19 日,组织志愿者于琶洲街家综开展"家庭育苗"活动; 4)2018 年 10 月 20 日,组织志愿者于新洲小学分校区开展"亲子体验坊"活动; 5)2018 年 11 月 17 日,组织志愿者于新洲小学分校区开展"幼小衔接体验坊"活动; 6)2018 年 11 月 24 日,组织志愿者于新洲小学分校区开展"幼小衔接成长"活动; 7)2018 年 12 月 8 日,组织志愿者于新洲小学分校区开展"幼小衔接体验坊"活动
第二阶段 2019 年 9 月	合作双方确定活动新主题,策划活动具体方案; 合作双方确定项目需要的资金来源以及其他项目相关事宜
第三阶段 2019 年 10 月上旬	按照活动计划对琶洲社区周边河涌岸边人行道进行实地考察并进行居民调研,包括: 1)了解收集社区居民对河涌岸边人行道垃圾乱扔现象的意见看法; 2)了解社区居民和亲子家庭对活动举行的意见看法和参与的积极性; 与琶洲社工总结反馈调查中发现的问题和居民的意见看法,评估活动的可行性并及时调整策划内容
第四阶段 2019 年 10 月中旬	按照活动计划与琶洲社工确定活动需要的物资及调配。 与琶洲社工做好活动的社区宣传工作,包括: 1)在各社工站站点、居委会宣传栏张贴宣传单; 2)在居民微信群发布活动资讯; 3)在其他领域活动中宣传招募; 4)社区党组织在党建工作交流群发布信息,从而号召社区居民积极参与; 志愿者招募并与琶洲社工一起组织志愿者进行专业性培训
第五阶段 2019 年 10 月下旬	按照活动计划开展实地活动
第六阶段 2019 年 11 月初	开始项目的结尾工作,收集整理社区居民的意见反馈; 与社工、志愿者进行交流,总结项目成果和问题; 对项目成果进行展示,确定以后的发展方向与计划

三、项目具体实施情况与回顾

(一)活动进程

略。

(二)志愿者招募与培训

在每次活动开展前的一星期,项目负责人根据活动规模和需要,在 i 志愿系统上发布志愿者招募信息,同时也在校内进行志愿活动宣传,号召同学们投身到志愿服务行动中。活动开始前项目负责人与琶洲社工一起组织志愿者进行专业培训,指导志愿者在活动中维持秩序,同时提醒保护好自身安全,以及遇到突发情况时的相关应对措施,并为志愿者购买人身安全保险。

四、项目的成效与反响

本次志愿活动为一次大型的、协助型环保志愿活动,服务时间累计达 112 小时，参与项目的志愿者达 14 人次，受益人群 150 余人。总琶洲项目服务时间累计达 845 小时，参与项目的志愿者达 116 人次，受益人群 490 余人。该项目让社区居民深入了解并践行"绿水青山就是金山银山"理念，提升社区居民保护河涌的意识，不断加深居民对共建绿水社区的认同，同时亲子家庭的家长们也以身作则，让孩子从小培养保护环境意识，并且在活动中加深与孩子间的交流，使得亲子间生活得更加幸福。从居民的意见反馈也可以看出，该项目深受琶洲街社区居民的欢迎。家综社工也十分支持，志愿者的付出得到肯定。不仅如此，在校内该志愿活动项目也获得了各社团组织的一致好评。

五、项目的经验与启示

该项目作为 2018 年 3 月—2019 年 3 月琶洲"家庭亲子"志愿服务项目的拓展项目，从 2019 年 9 月 25 日开始，持续到 2019 年 11 月 4 日，在这一个月的实施中有如下经验和启示：

1. 该项目宣传"绿水青山就是金山银山"理念的目的达到了。通过这一志愿服务活动，社区内的居民深入了解践行"绿水青山就是金山银山"理念，调动居民共建美好家园环境的积极性，推进居民参与河涌整治，为留住绿水青山贡献社区自身力量。

2. 该项目惠及社区家庭亲子的目的达到了。通过这一阶段的志愿服务活动，社区内家长以身作则，用实际行动培养孩子保护环境的意识，同时家庭亲子间关系得到促进，家长和孩子之间的情感交流得到增强，家庭生活更加幸福，使得孩子们身心健康成长，将环保知识寓教于乐，寓知识于游戏中，使孩子能在德、智、体、美、劳各方面得到全面发展。这些都有利于激发孩子的内在潜能。

3. 该项目展现大学生的志愿服务精神的目的达到了。该项目通过 i 志愿平台和微信公众号，以及校内宣传等方式招募大学生志愿者，让大学生投身到志愿服务行动中。活动前志愿者们积极参与培训，活动中维持项目顺利开展，为社区发展提供了尽心尽力的服务，践行了红十字会的"人道""博爱""奉献"精神，展现了当代大学生的青春风采和奉献精神。

4. 该项目是广东工业大学材能红会对外进行志愿服务的重要一步。通过这个项目，材能红会履行了其在高校学生组织中的责任和义务，发挥了其本身的优势，弘扬了红十字会精神。同时，该项目也为材能红会接下来的志愿服务活动打下良好基础。

六、项目的问题与反思

此次琶洲"亲子家庭绿水琶洲"志愿服务项目总体上顺利完成，但活动过程中也存在着一些问题。如志愿者服务知识缺乏、部分活动内容不合理等。针对这些问题，今后我们在开展活动前，需要做好以下几点：

① 加强与志愿者的交流，提前开始活动流程的培训；

② 在活动开始前一周，需安排人员与社工对接，共同加强做好对社区居民的宣传工作；

③ 策划活动时应考虑到活动内容的可行性，与社工进行沟通，可模拟活动进行以检验计划是否可行；

④ 在策划活动时间时需关注各方面不可控因素，尽量避免这些因素影响活动开展。同时为预防不可控因素突发，需提前制定好预备方案。

材能红会将一如既往地弘扬"人道""博爱""奉献"的红十字会精神，积极组织和开展更多的志愿服务活动，号召更多人投身到志愿行动当中，更好地惠及群众，帮助他人，奉献社会。

第四节　公益宣传等你来

案例 10-8　第三届粤港澳青年公益行

2019 年 6 月 17—23 日，42 名来自粤港澳三地 13 所高校的社会工作专业同学在广州相聚，展开为期一周的公益之旅、文化之旅、互助之旅。这就是第三届粤港澳青年公益行活动。

本次活动由致公党中央联络部、广东工业大学主办，广东工业大学政法学院、香港宏恩基督教学院、澳门社会工作人员协进会承办，广州阳光社会工作事务中心、广州市大同社会工作服务中心、广州市广爱社会工作服务中心、广东省新兴经济体研究会协办。活动有效地促进了粤港澳三地社会工作经验交流、青年文化交流与情感交流，也得到了很高的赞誉。

本届活动不仅是促进粤港澳青年文化交流的平台，也是三地青年携手推动大湾区社会工作发展的契机。三地社工同学通过专业交流、社工实务，提升专业素养，不忘初心、牢记使命，为促进社会公平、解决社会问题、探索社会治理创新、推动经济社会协调发展而不懈努力；通过"文化之旅""科技之旅"，品味岭南文化魅力，感受中华优秀传统文化的博大精深，进一步坚定文化自信；通过交流分享，互通有无，交心交融，相互鼓励，结下珍贵友谊，一同成长成才。

互助之旅：在广东工业大学龙洞校区，粤港澳三地青年开展了社会工作行业发展、高校社会工作专业学习、学生社团活动开展、项目实践经验的分享交流会。粤港澳三地学员们通过 PPT 展示、视频情景再现、现身说法等生动有趣的方式，为大家解说了不同地区、不同高校的校园文化、专业课程设置和社团、品牌项目，让粤港澳三地的同学更加了解彼此的大学日常生活。

公益之旅：为了使粤港澳三地学生更加了解广州社会工作的发展情况，6月20日，42名学生分为七个小组，分别到广州阳光社会工作事务中心、广州市大同社会工作服务中心等七个社工站，近距离接触社工工作。跟随经验丰富的广州社工走访社区，学员们对社工工作理念和方法有了更深的思考。对此，来自澳门的学员很兴奋，一线社工分享的小组工作方面的理论和技巧，为他自己下学年即将开展的小组工作提供了重要参考。

文化之旅：在课余时间，学员们参观了广东省博物馆、镇海楼、永庆坊、粤剧艺术博物馆等富有历史文化和民族文化气息的地方。亲临现场，来自香港和澳门的学员们切身感受到了中华优秀传统文化的博大精深和兼容并蓄，坚定了文化自信。

案例 10-9　广东工业大学政法学院知名校友、BottleDream

联合创始人 CEO 蔡延青：让社会创新点亮公益宣传

做一件喜欢的小事，竟然还能环保？是的，知道你对"环保"无感，常常被环保的时间成本、操作成本劝退，也会怀疑个人行为对环境的影响力。在喜欢的事情上顺便搞环保，是不是一点都不费劲？

以"世界环保日"为契机，BottleDream 联合禾然有机、上海根与芽发起播种计划，一起挑战，7天内，用 1000 个顺便环保行动来播种 1000 棵真树的绿色活动。相当于你：做一件喜欢的事＝顺便参与一个公益环保活动＝在宁夏毛乌素沙地种一棵真树，政法学院师生也积极参与进来，种树成活率为 92.13％，让我们一起成为"绿色生活"的践行者吧。

喜欢的事有哪些？比如，"喜欢吃"，参加"拯救冰箱里的食物"行动吧。世界上有 1/3 的食物在被白白浪费，每人每天浪费相当于半个菠萝那么重的食物。跟在冰箱里放的时间最长的食物合影，并处理掉它；比如"喜欢减肥"，尝试清爽的一天，打卡你的"半素餐"（菜比肉多的一餐）。在全球人类活动产生的温室气体中，食品生产行业的温室气体排放量占了 1/4～1/3，这其中大部分来自畜牧业。除此之外，我们还常常低估饮食习惯对气候变化的影响。多吃蔬菜，身体轻盈，你减肥，地球跟着减废。

相信微小的改变，相信公益的力量，加入我们就有机会带着 1000 个人的心意，亲手播种，给你的行动帖子打上"认证标签"吧。